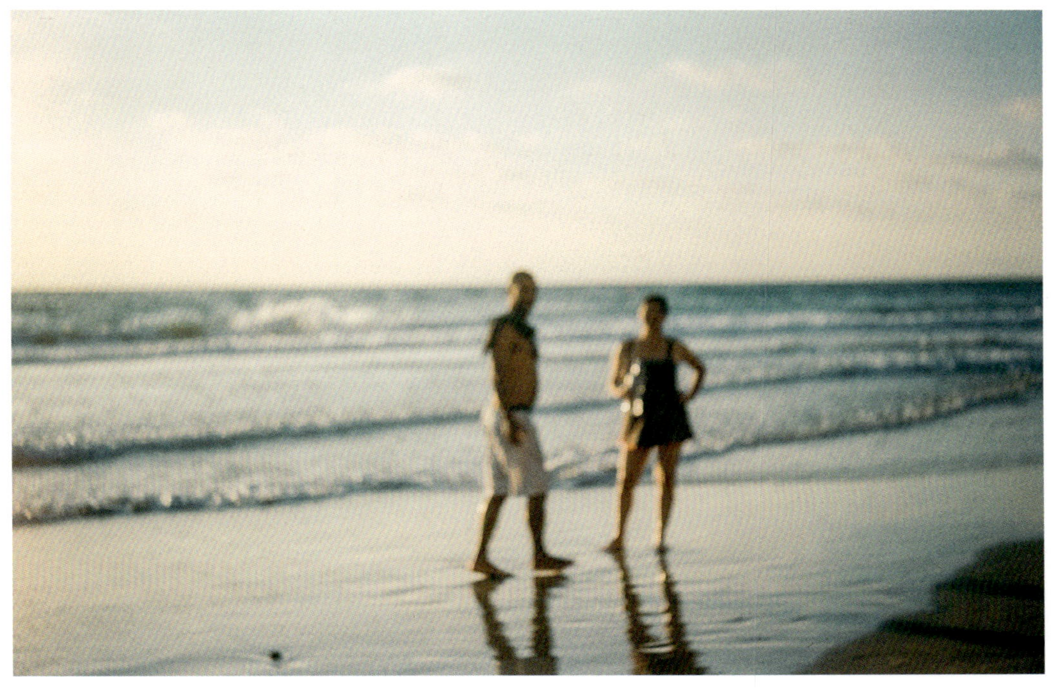

À mes parents.
Israël, 2012.

Sara

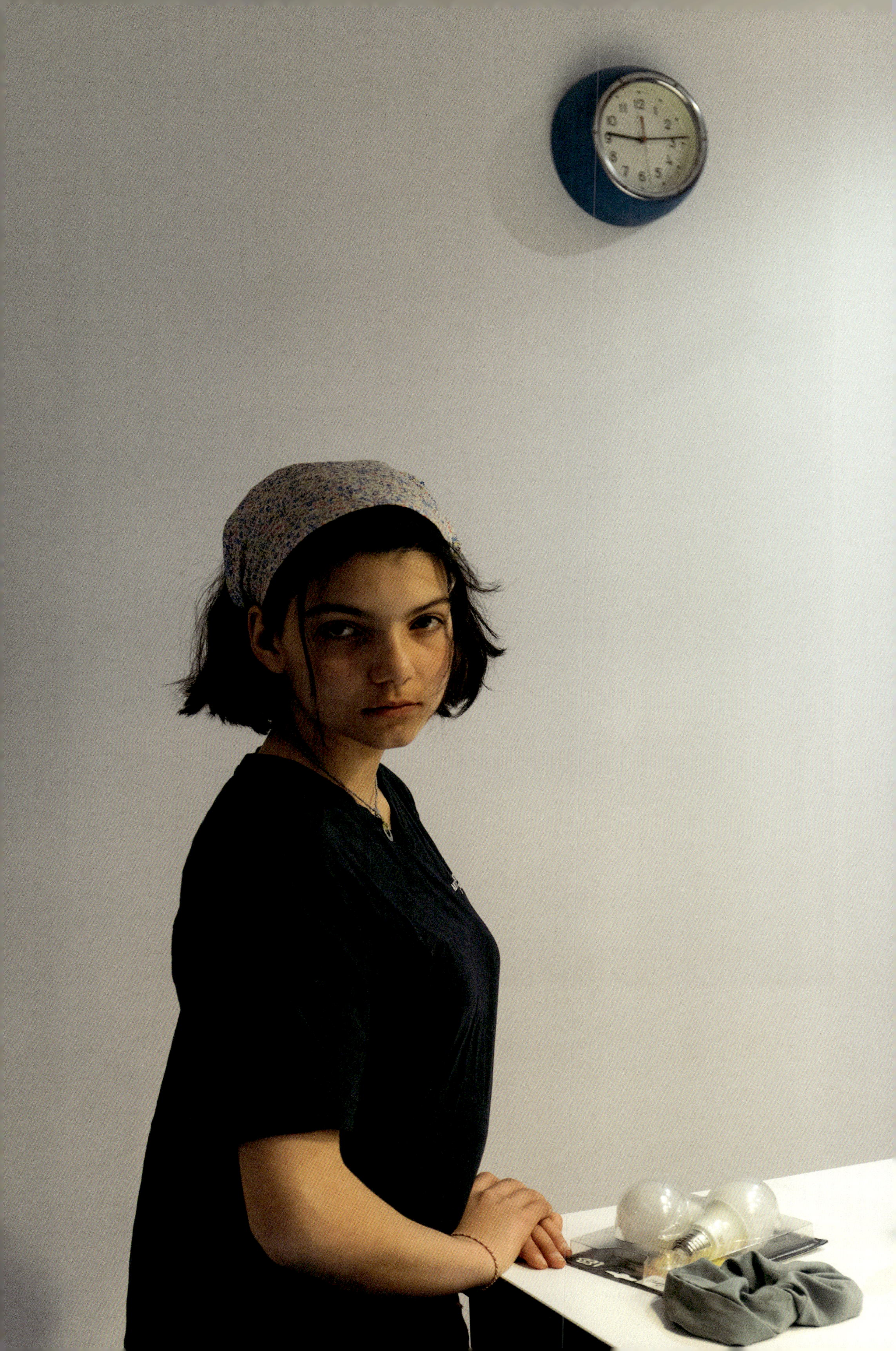

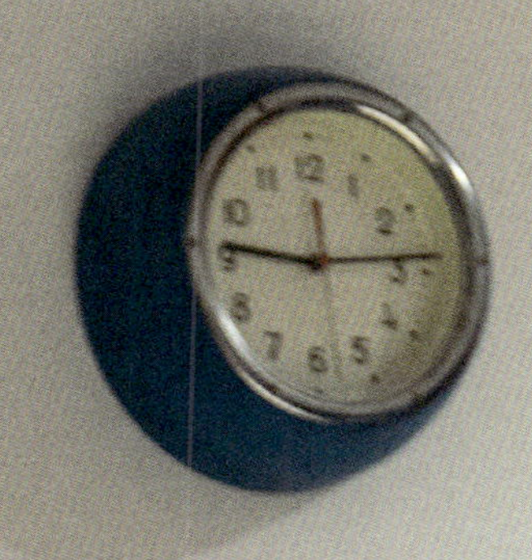

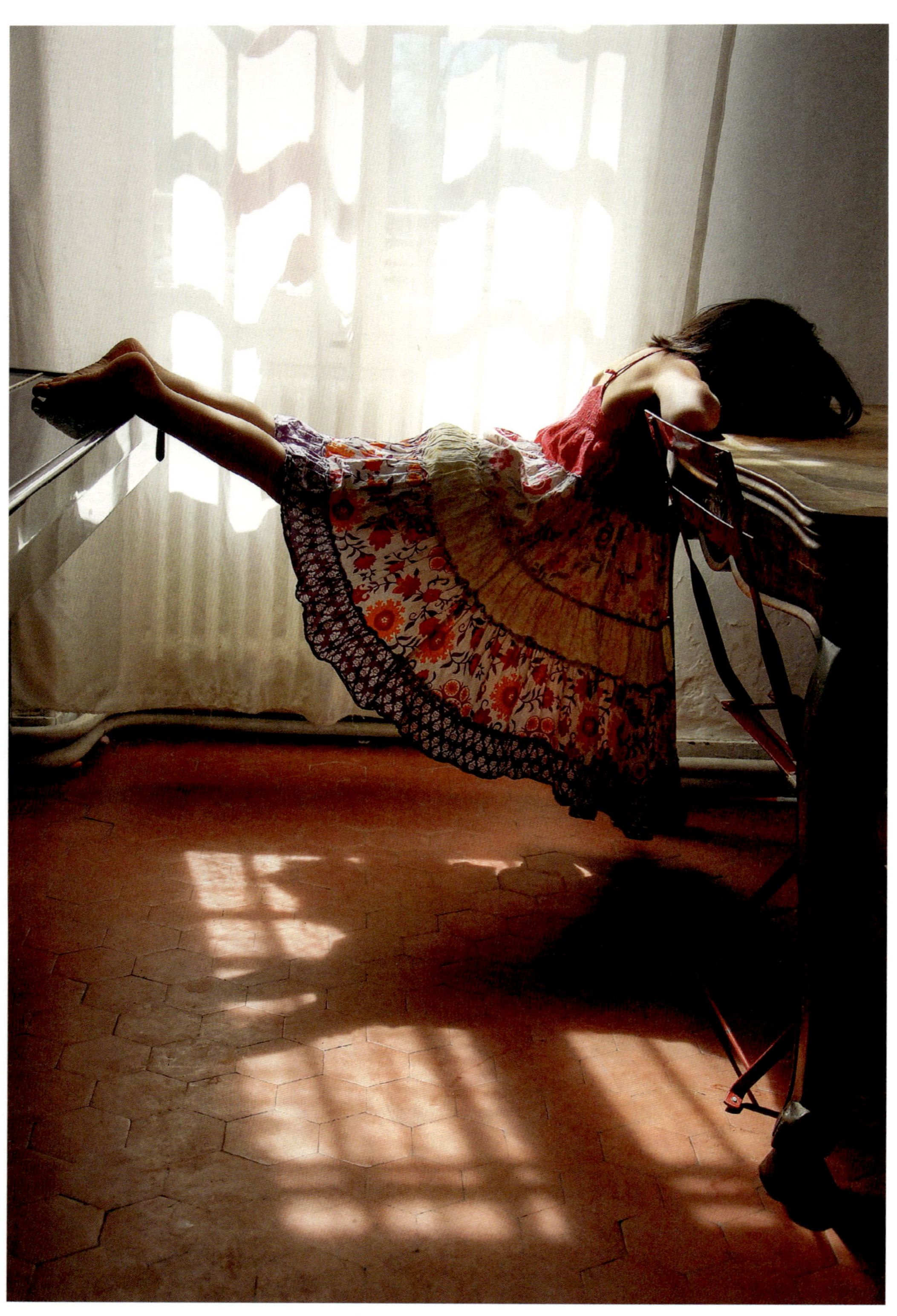

Entre le piano et la table à manger, France, 2012.

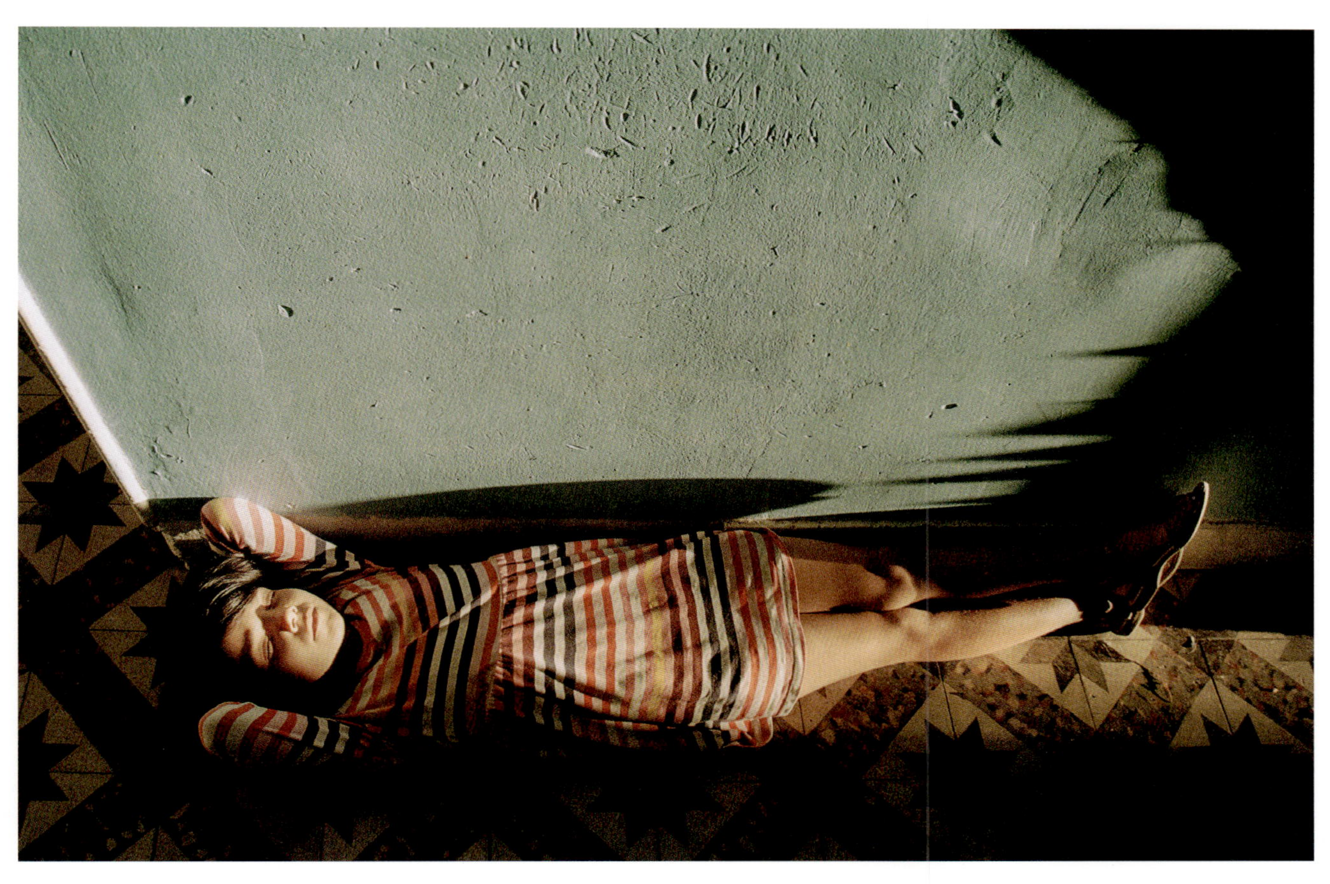

Sur un skate dans le couloir, France, 2012.

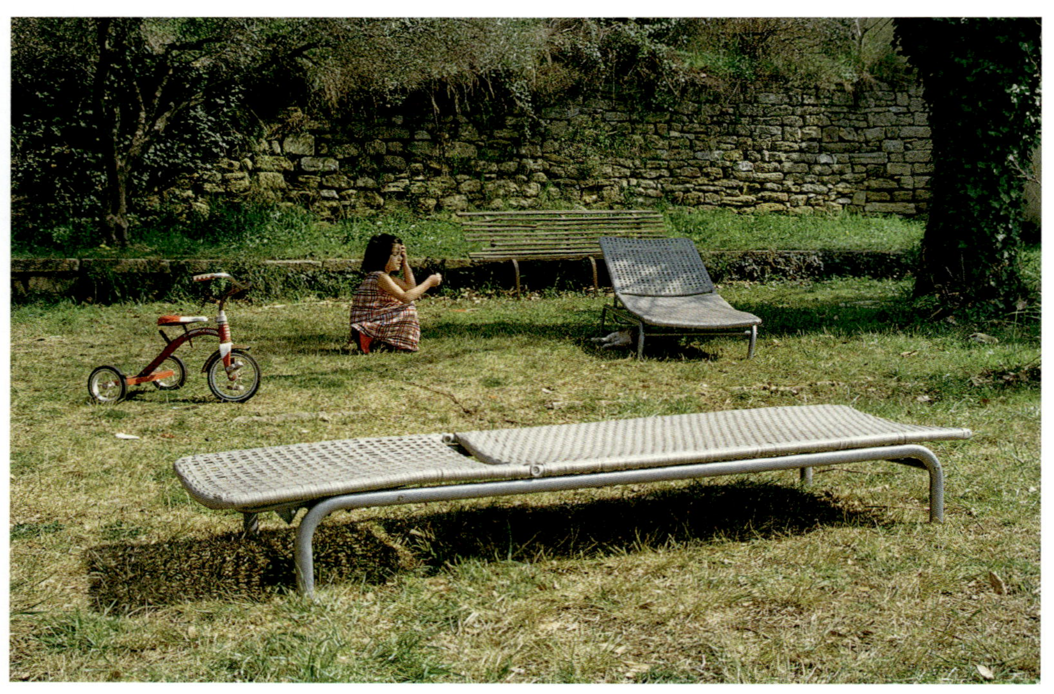

Dans le jardin, France, 2012.

Avec Jeanne et Lison, France, 2016.

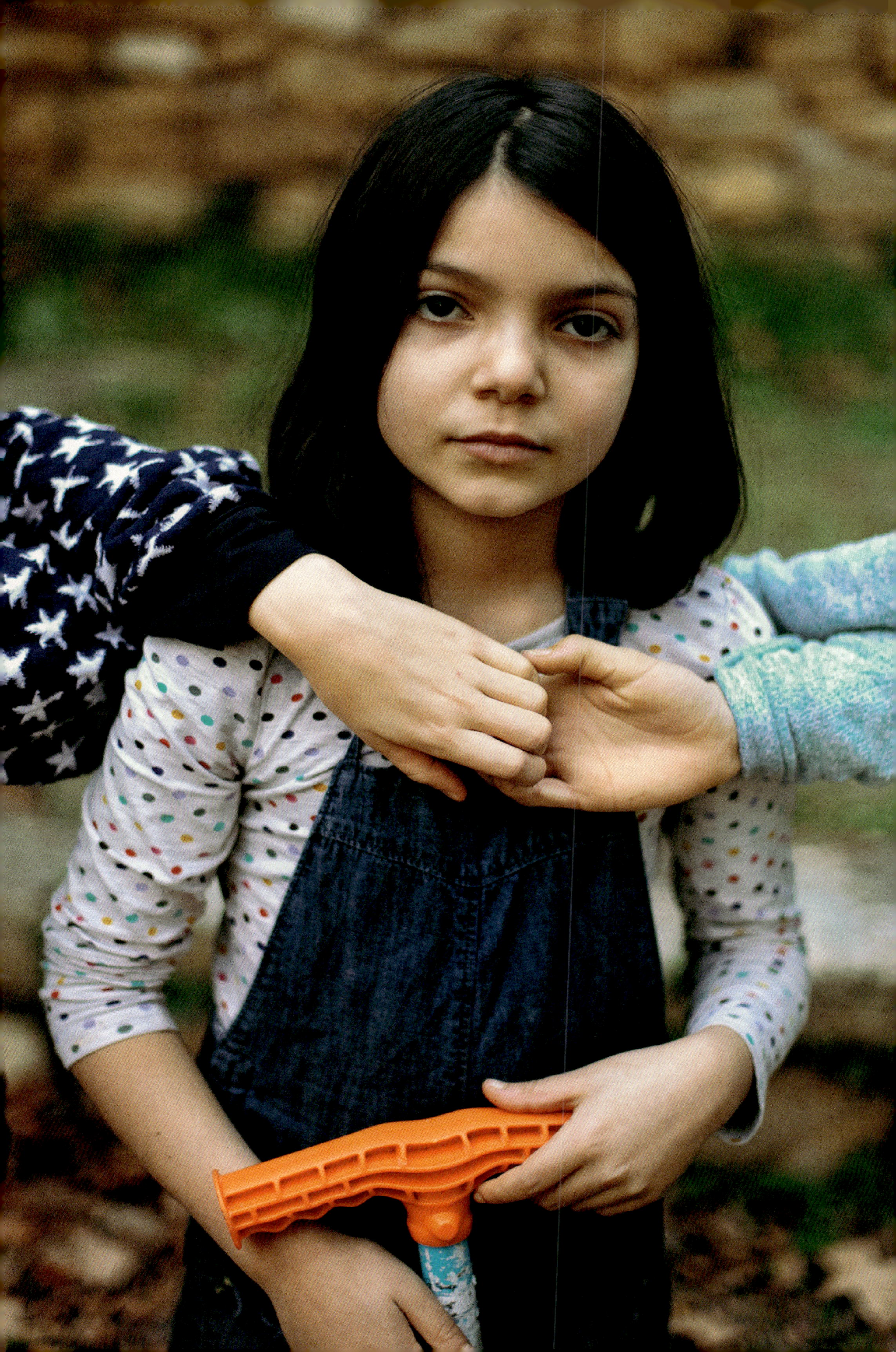

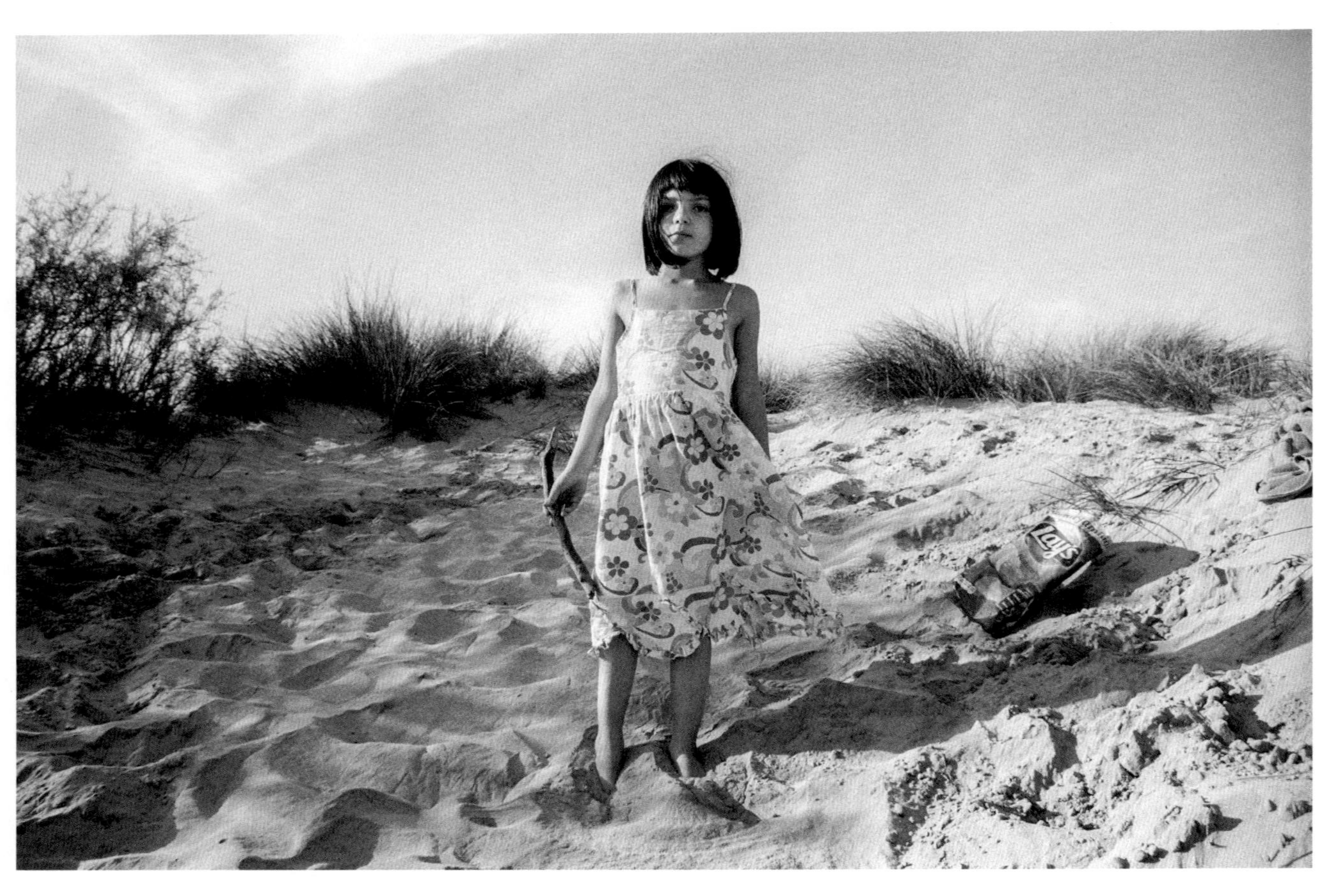

Dans les dunes, France, 2014.

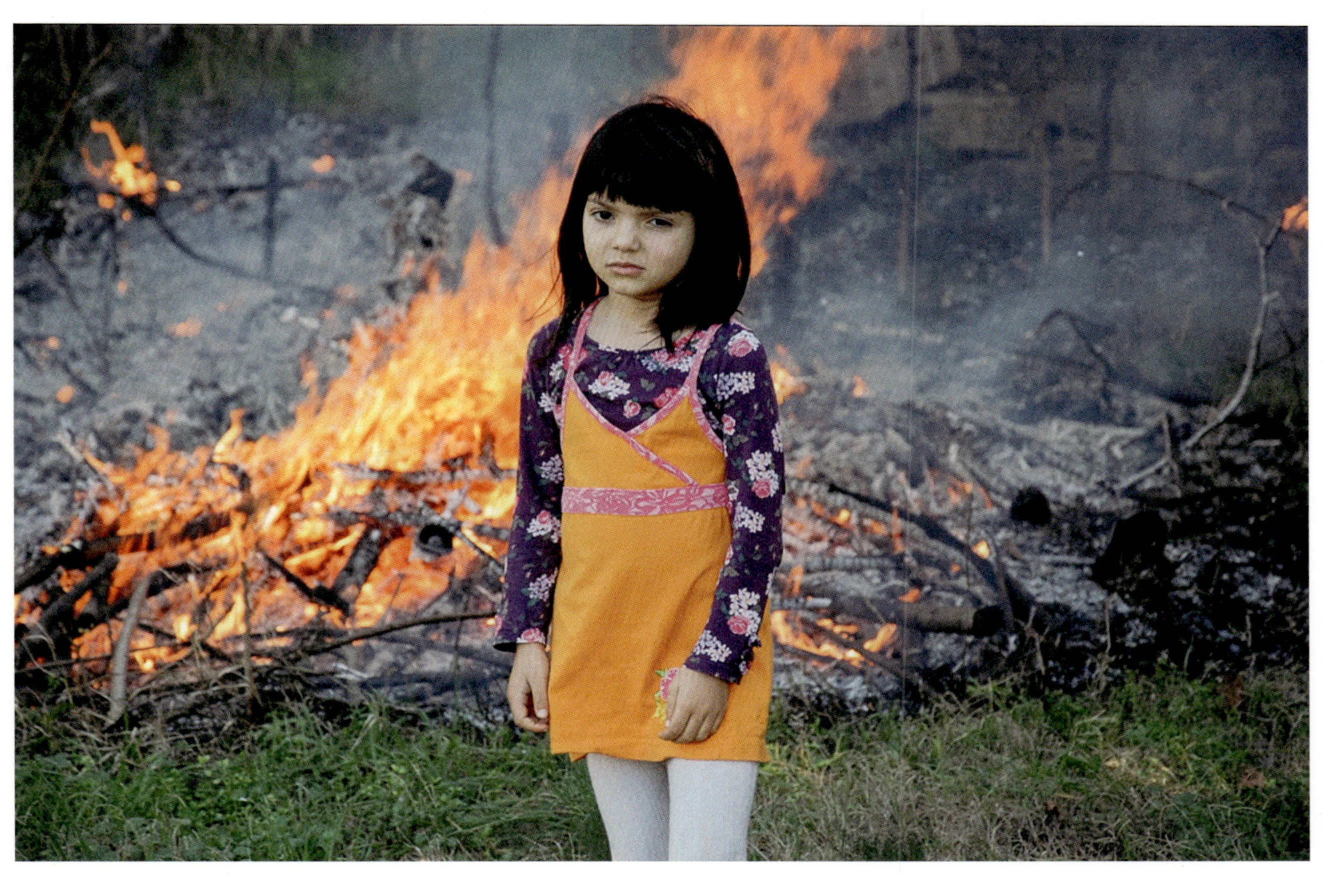

Dans le jardin lors d'un feu d'été, France, 2013.

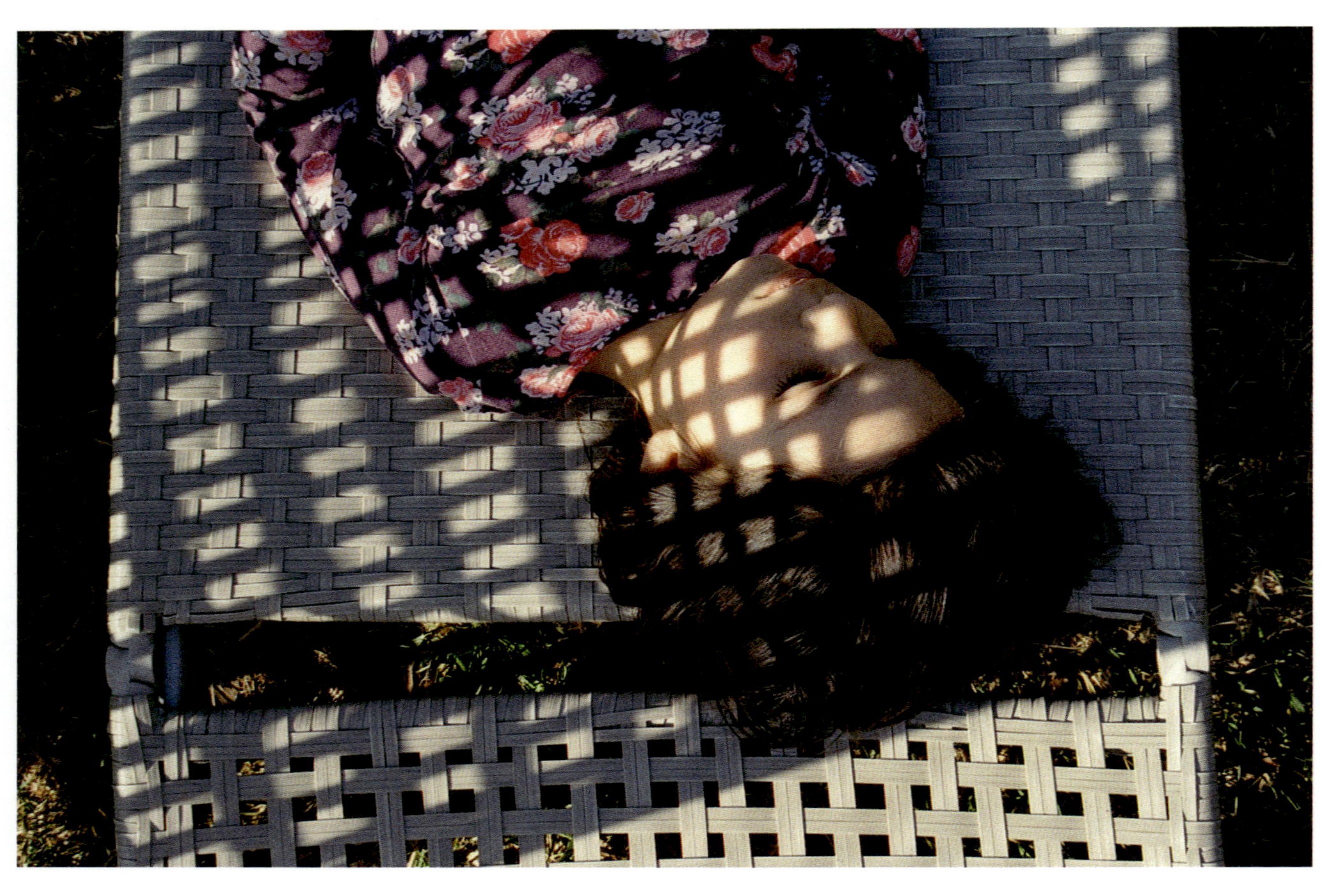

Dans le jardin, France, 2014.

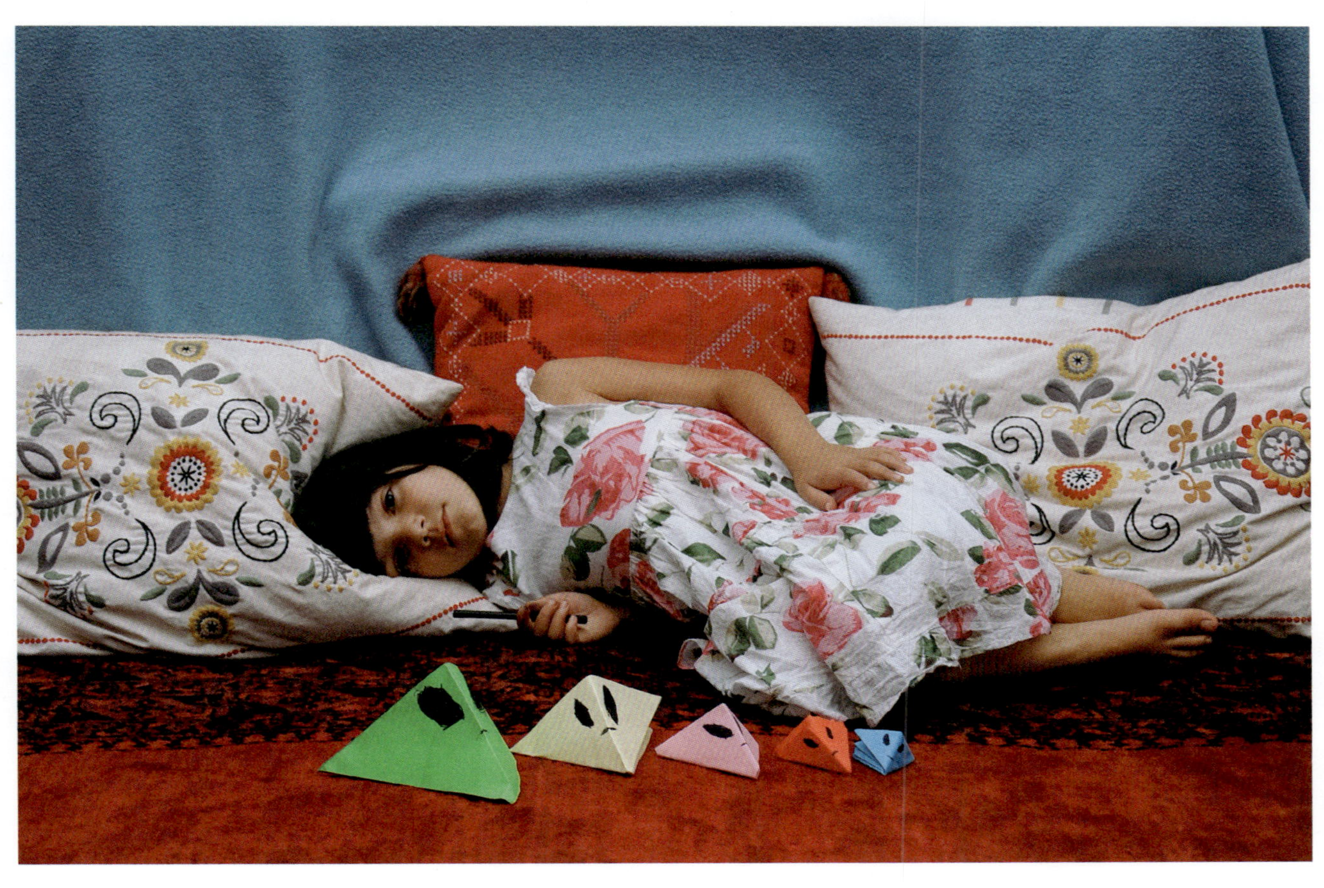

À la maison, France, 2013.

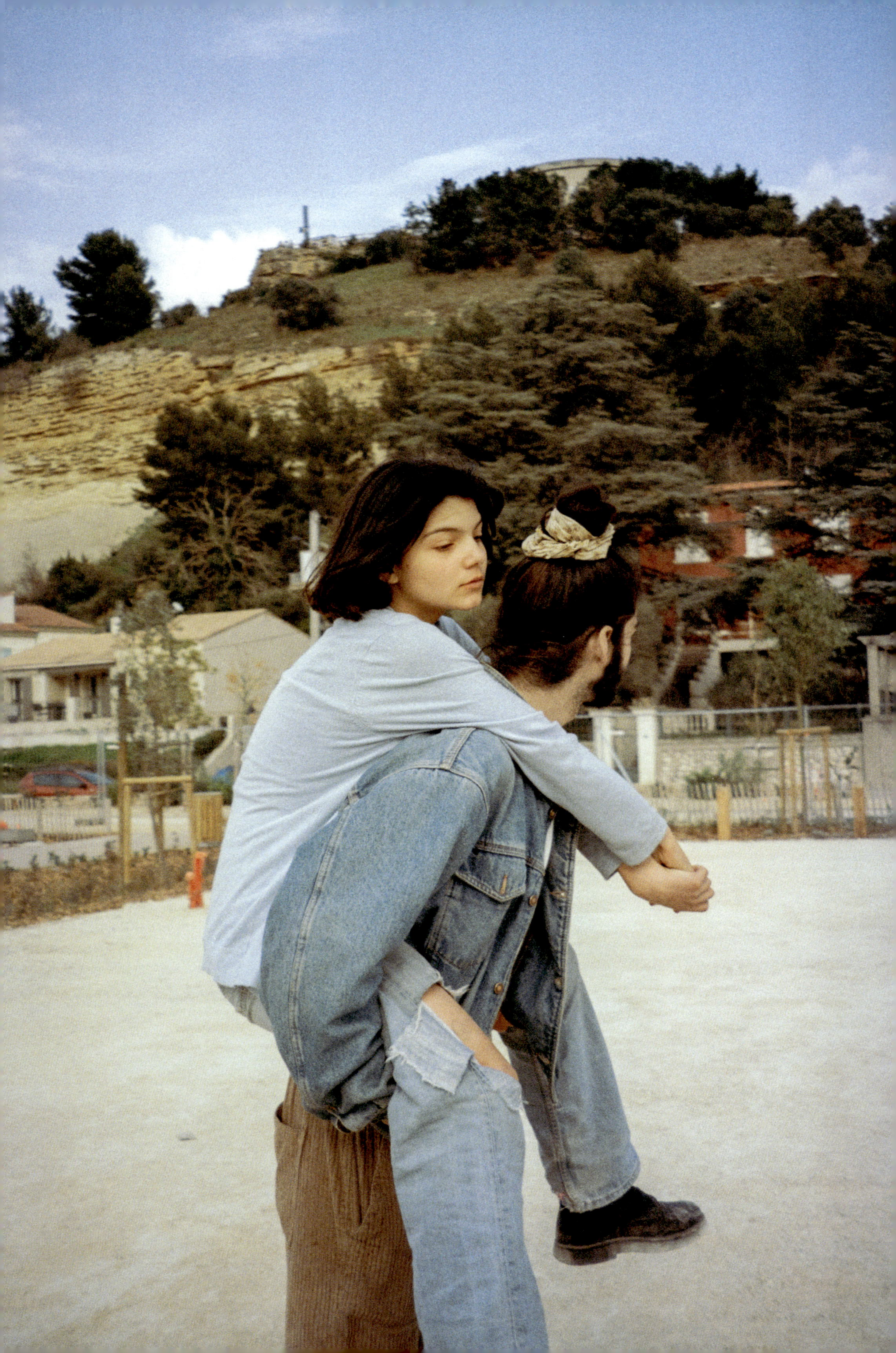

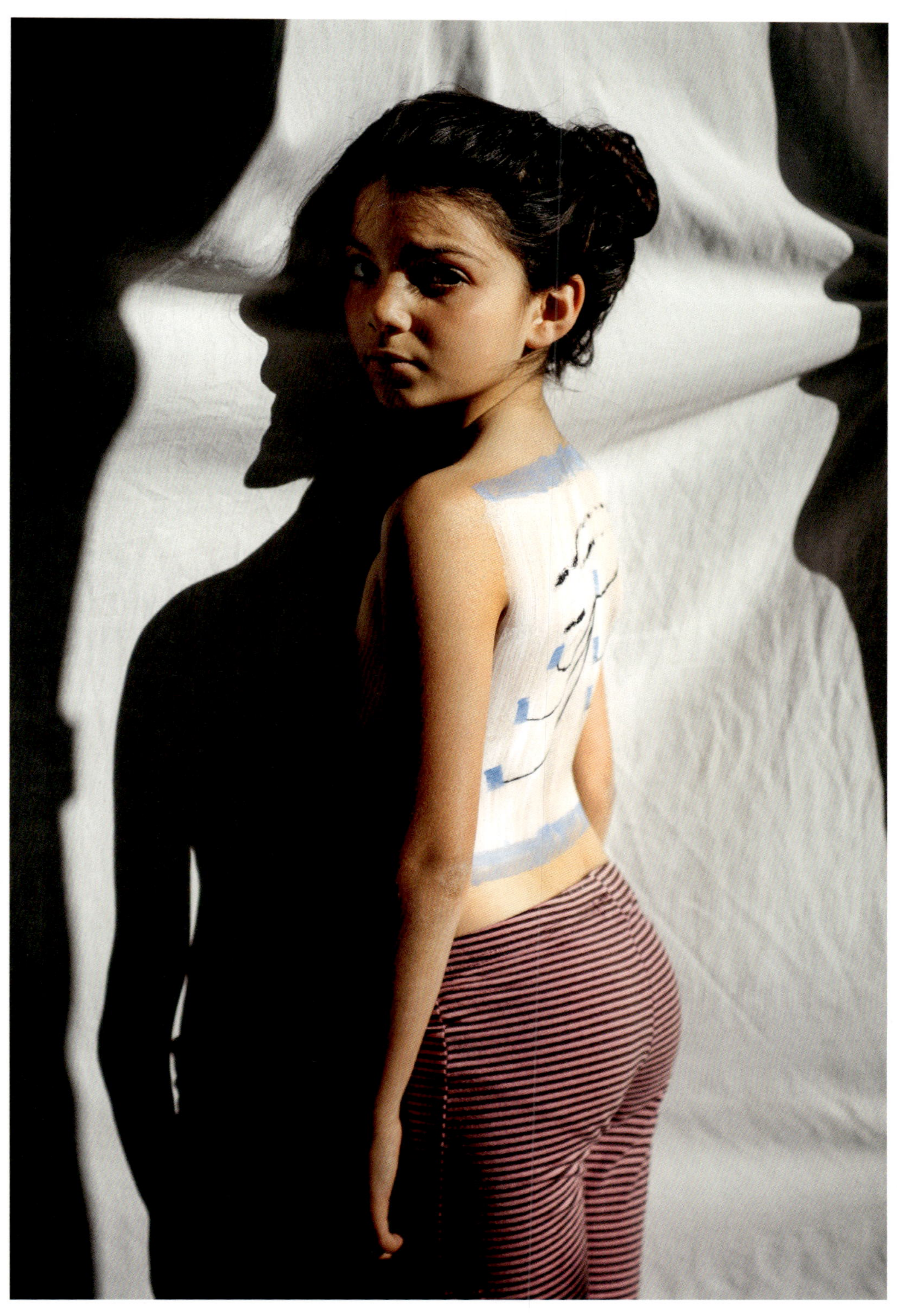

Avec Michael en balade, France, 2021.   Le dos peint par notre mère, France, 2016.   13

Michael

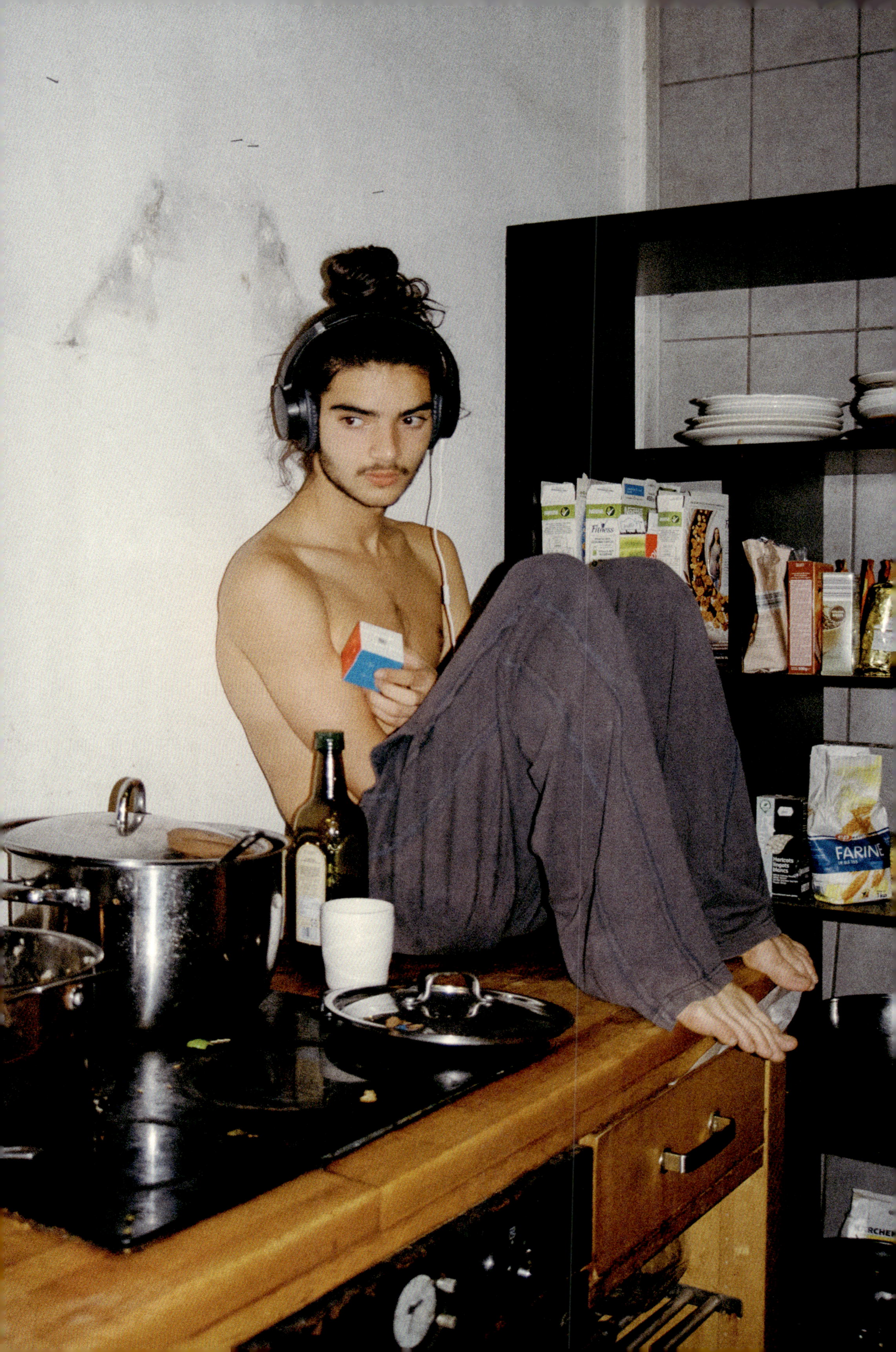

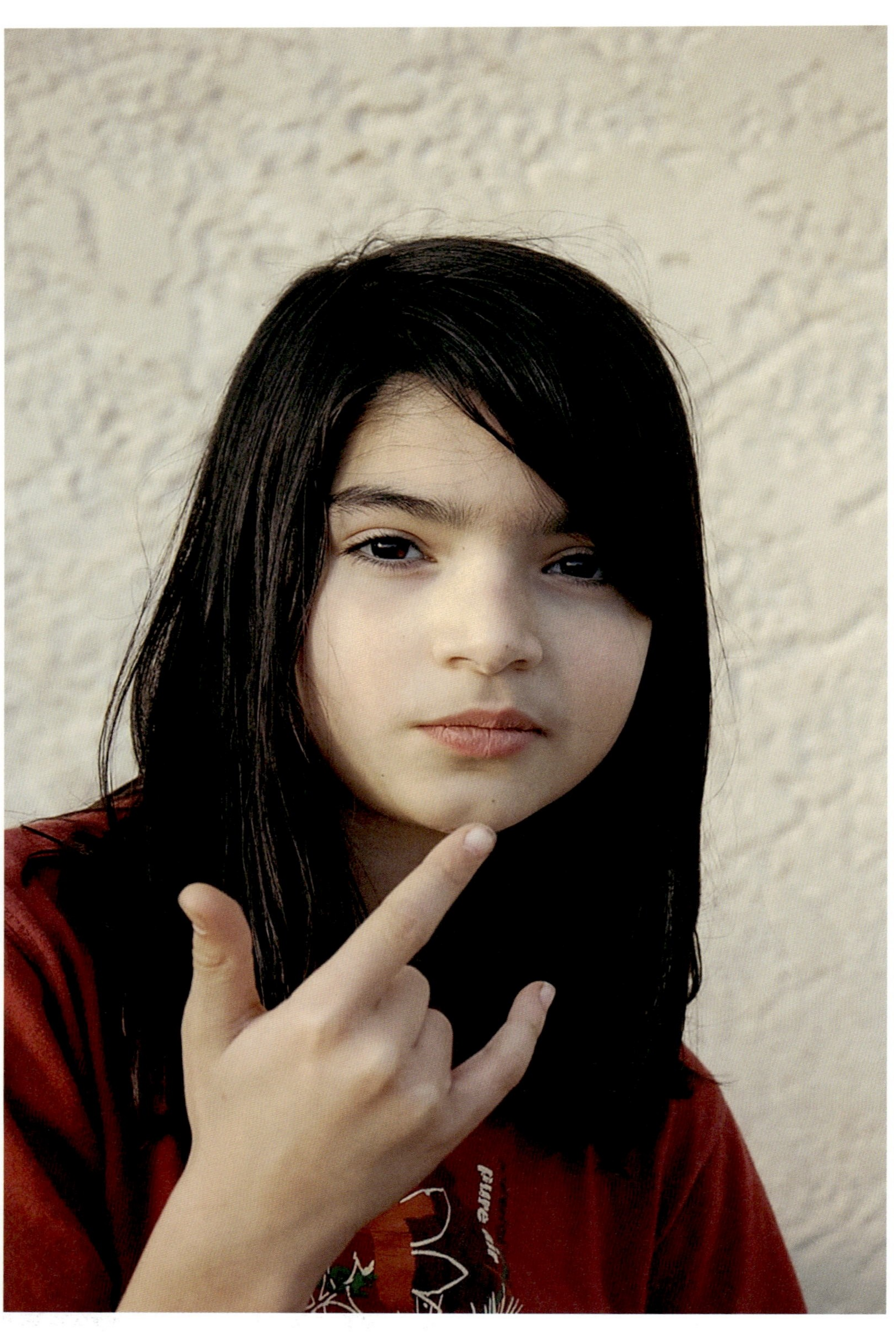

Rousset, France, 2014.   À la salle de bain, France, 2017.   16

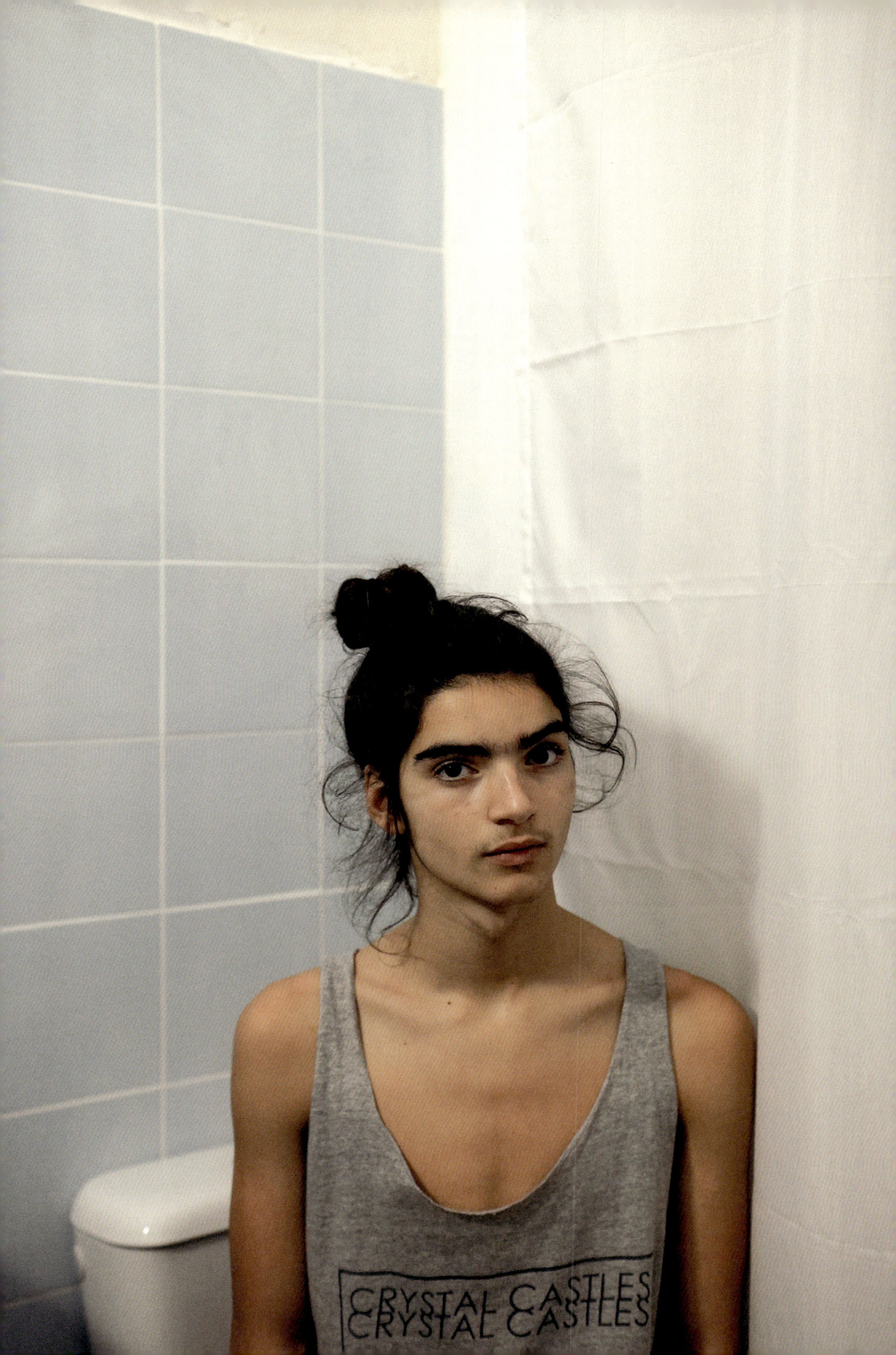
CRYSTAL CASTLES
CRYSTAL CASTLES

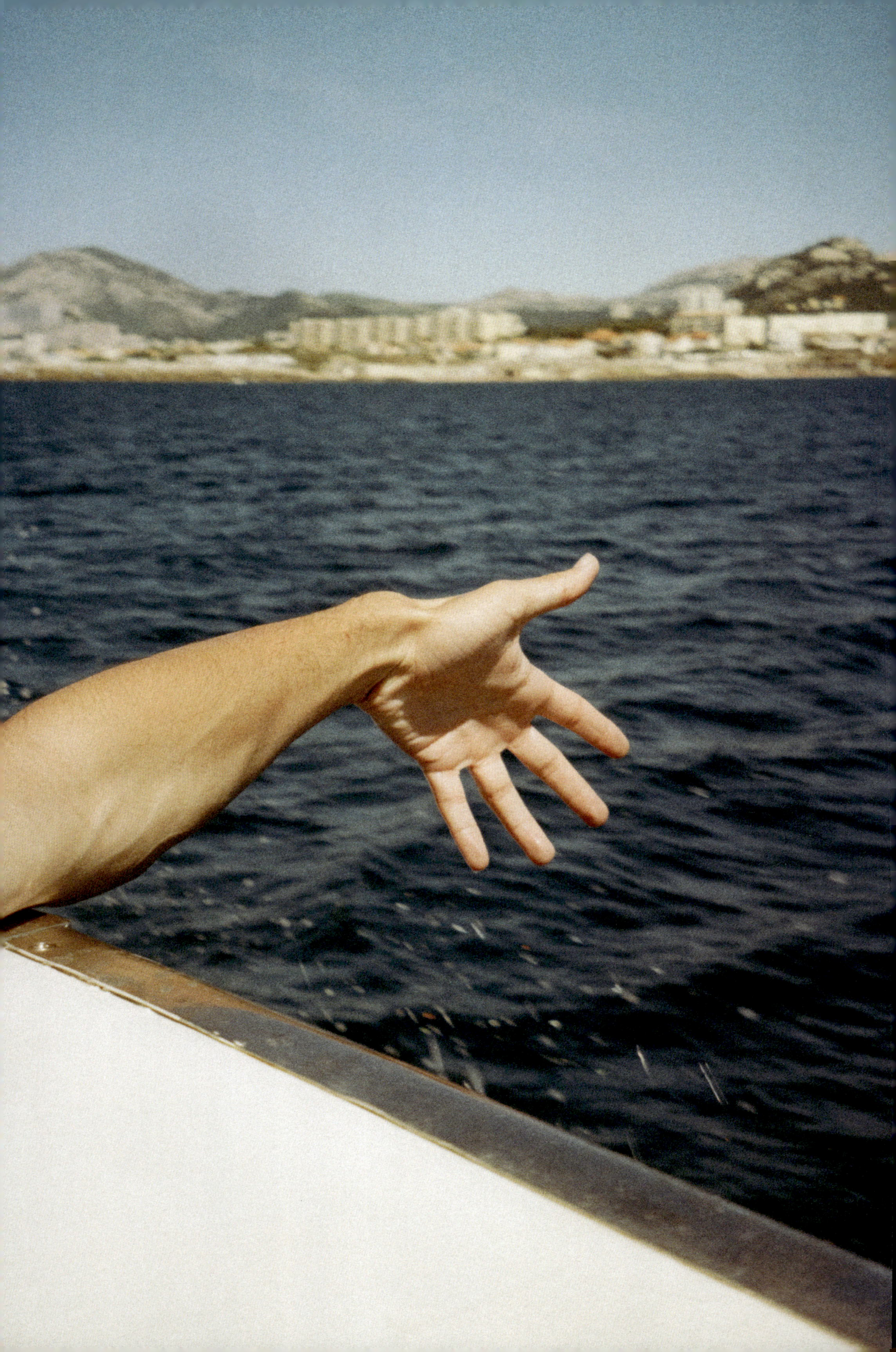

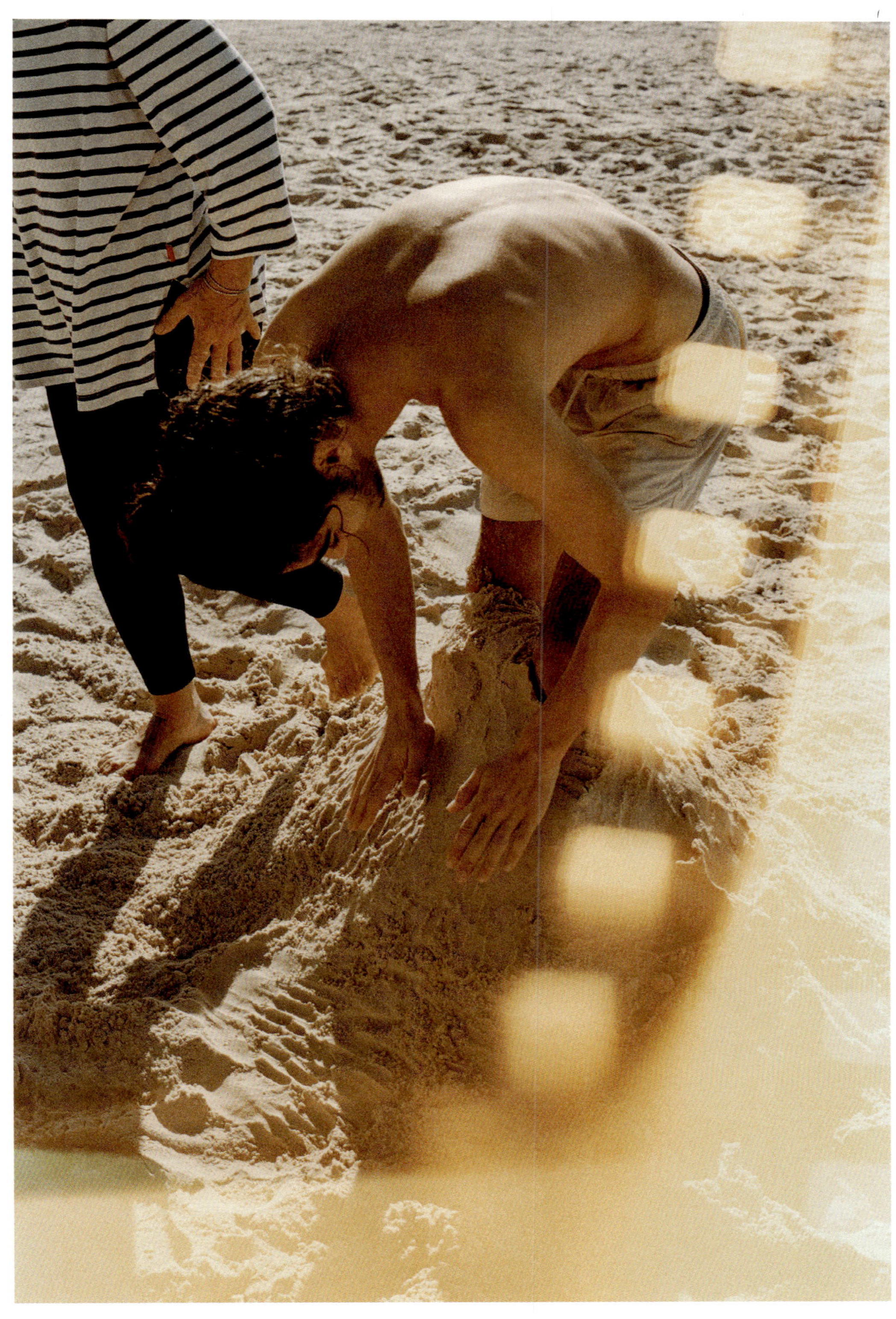

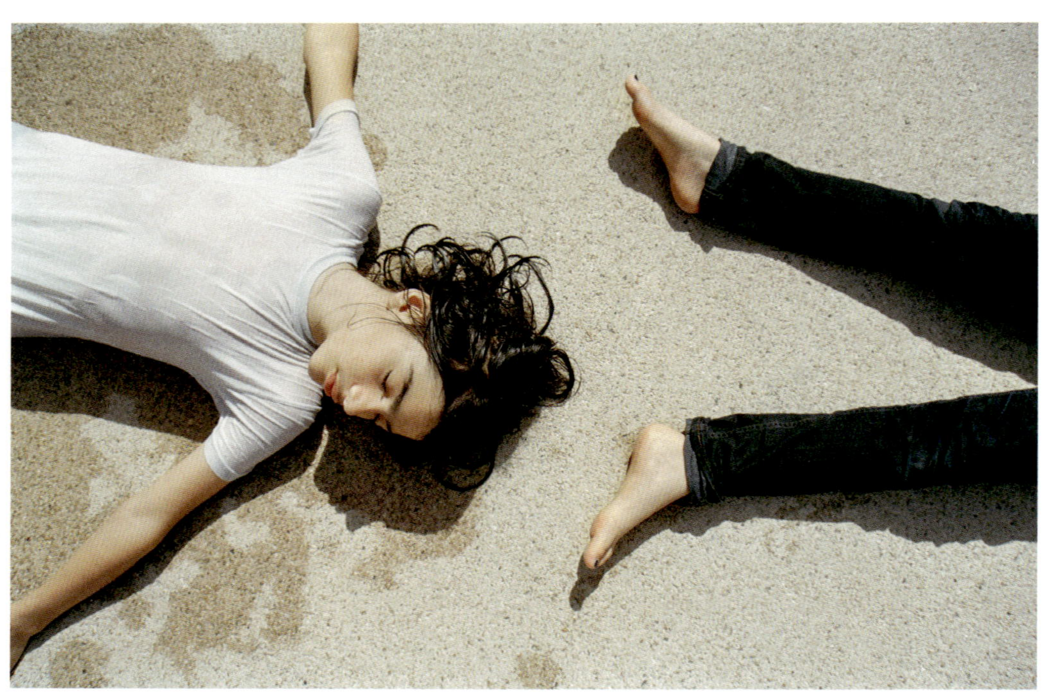

Après une bataille d'eau, France, 2014.

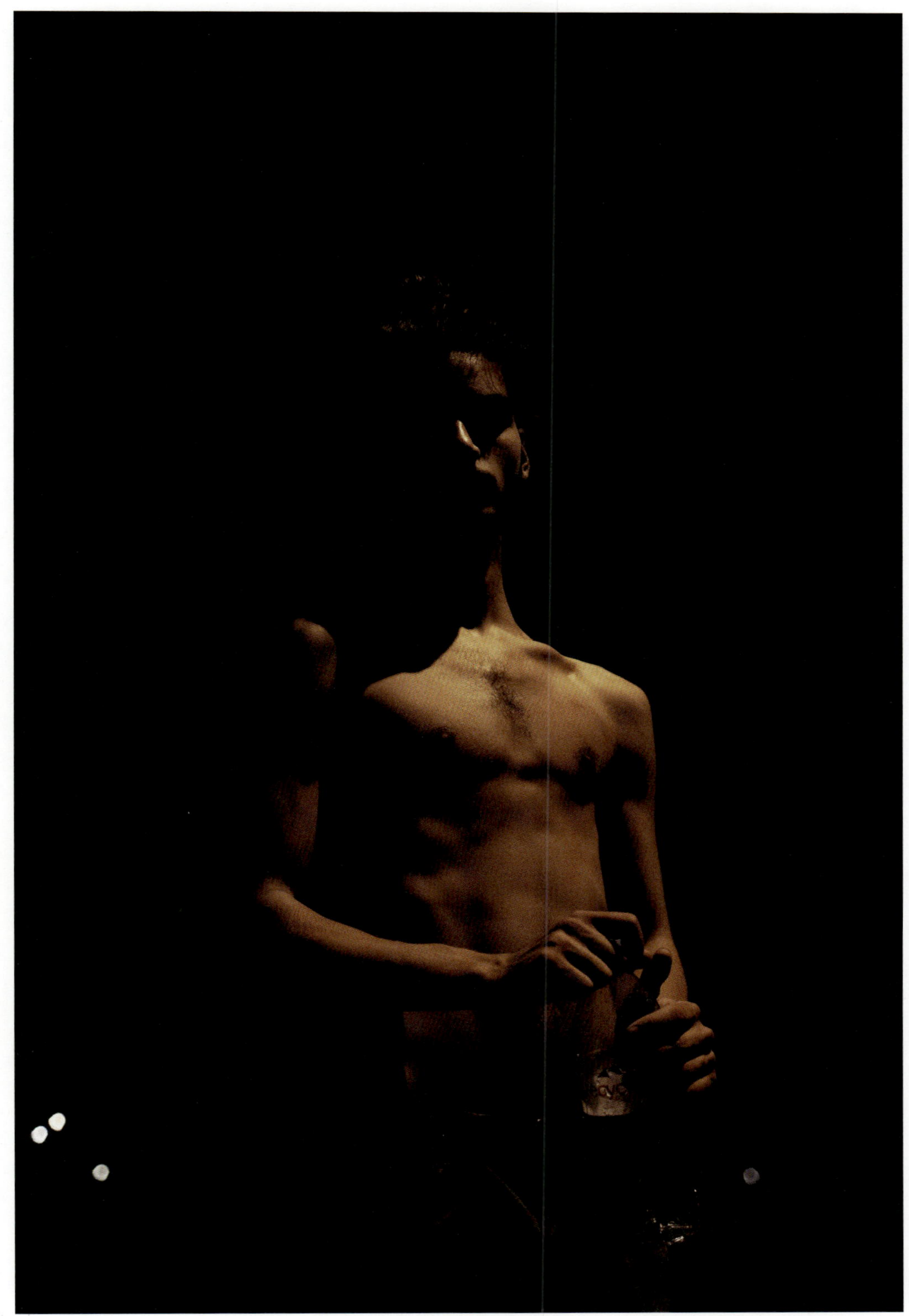

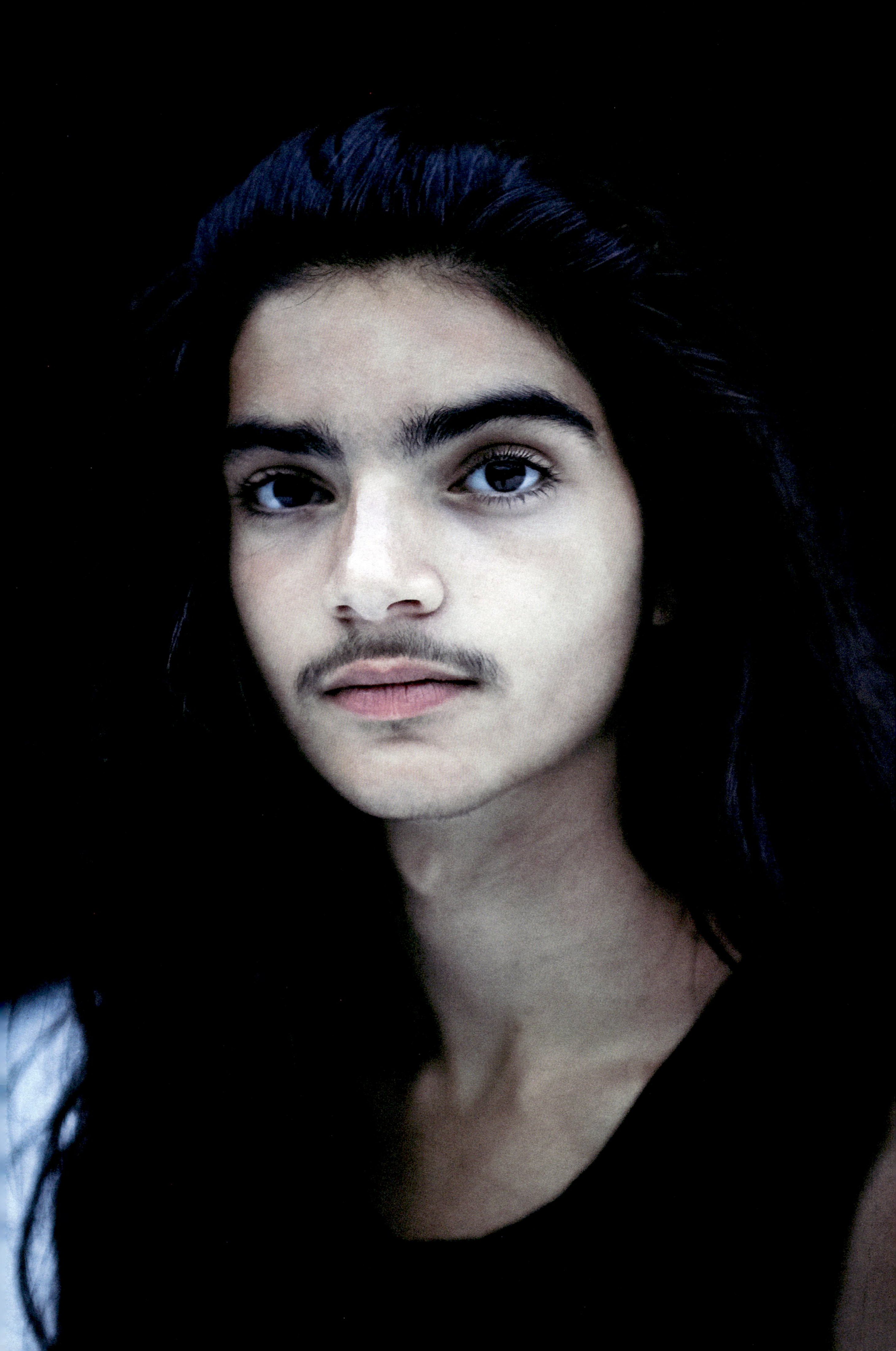

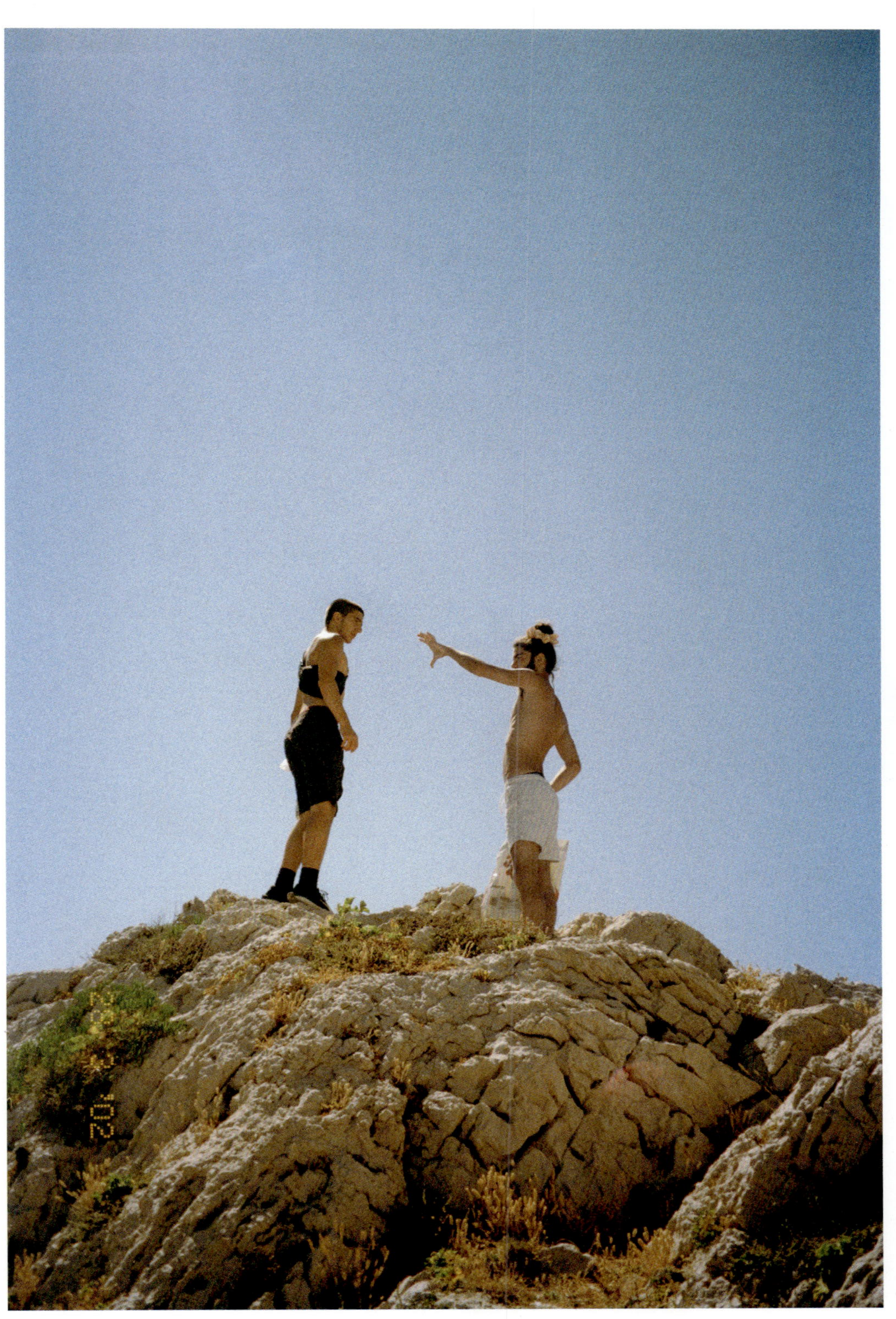

<table>
<tr><td>Sur scène, France, 2016.</td><td>Avec Jonathan, France, 2020.</td><td>23</td></tr>
</table>

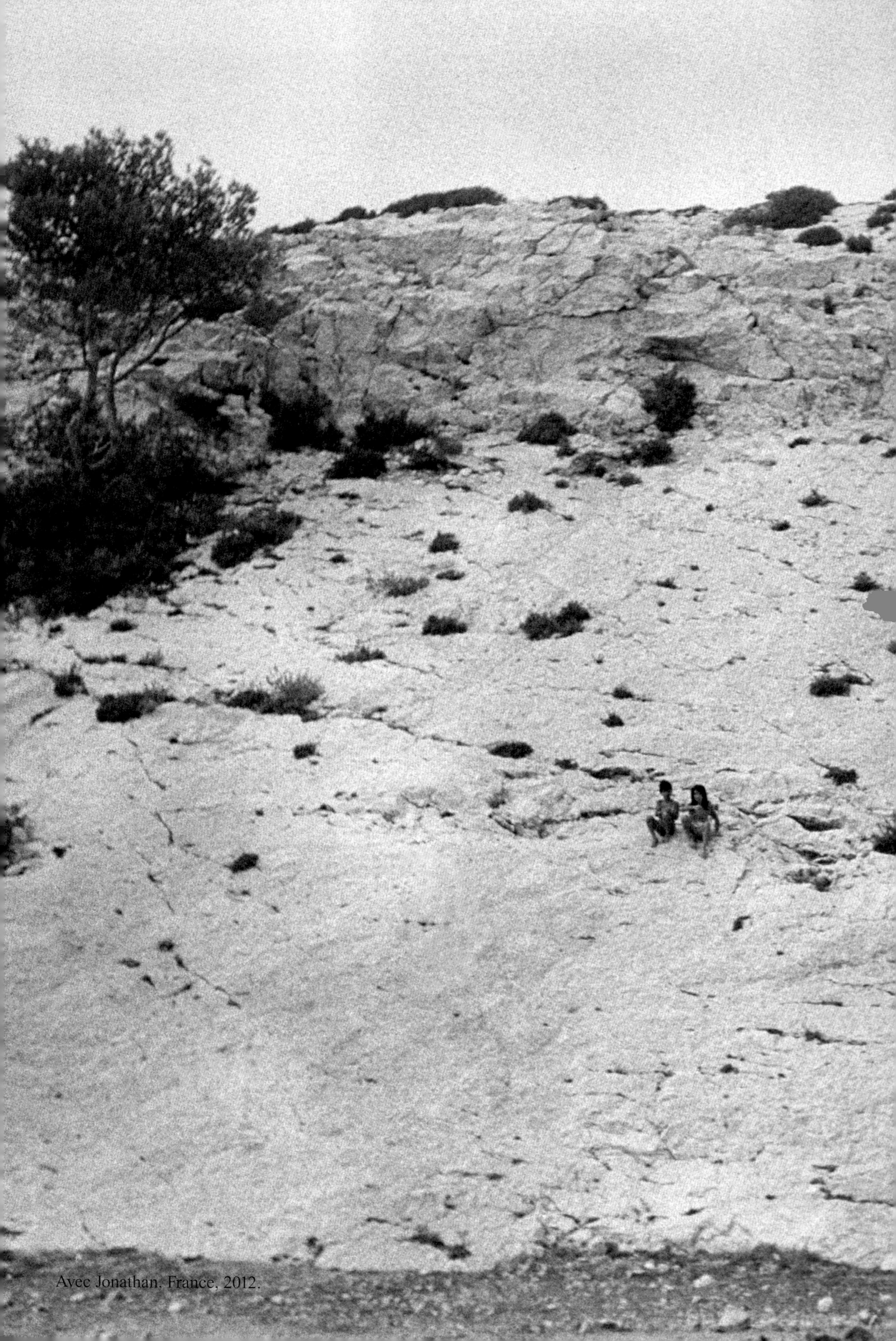

Avec Jonathan. France. 2012.

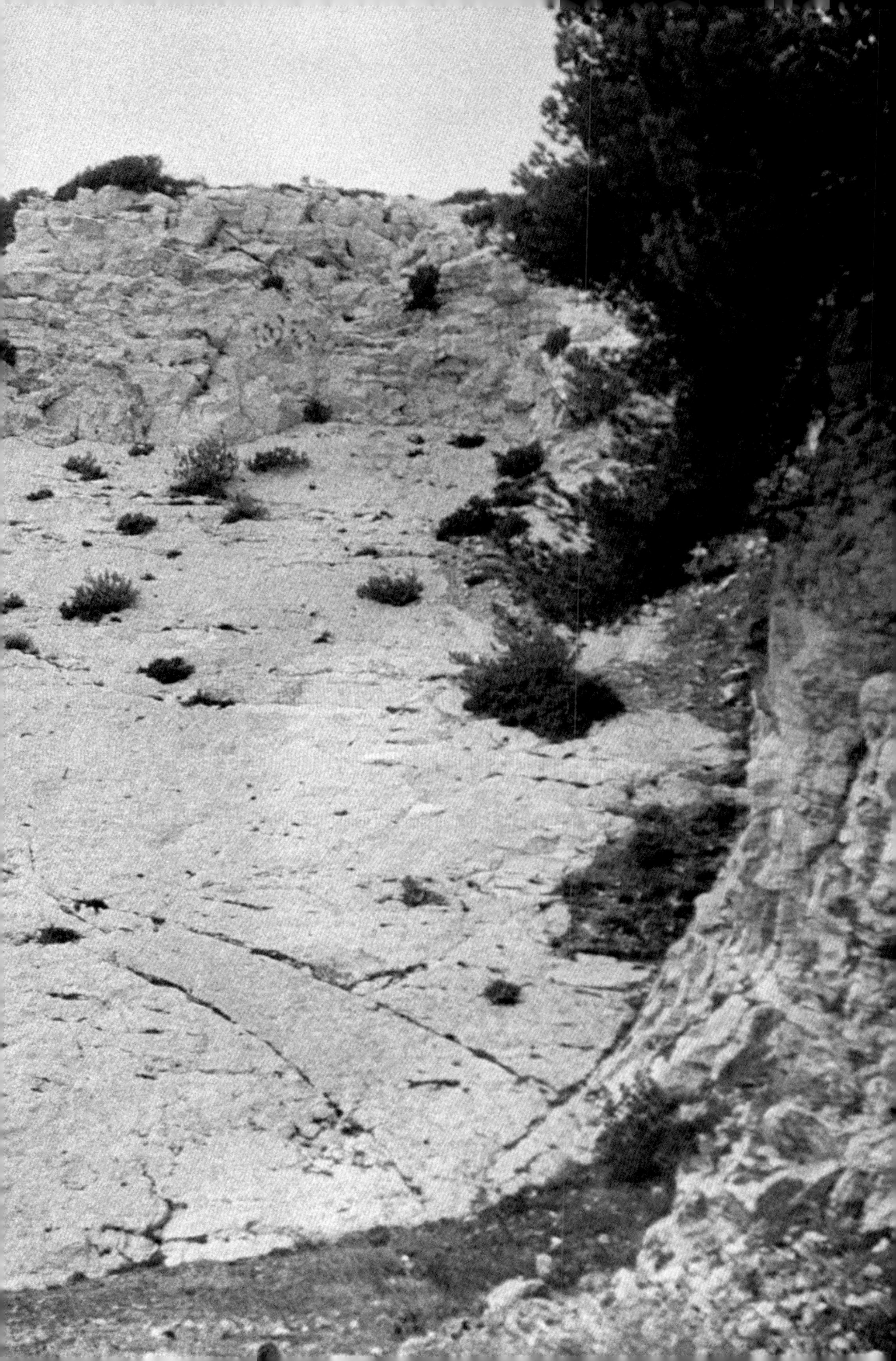

Jonathan

Dans le jardin, France, 2020.

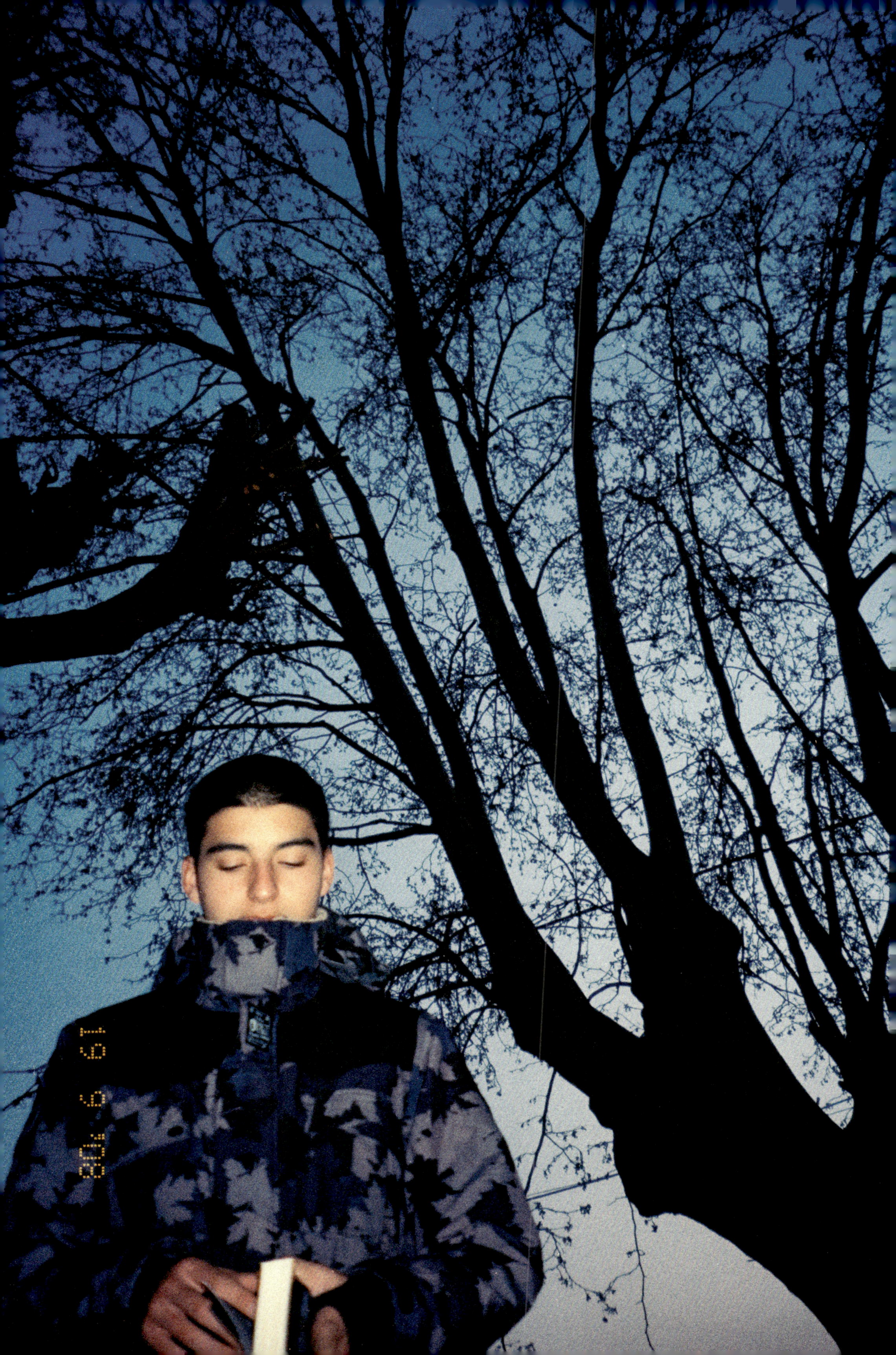

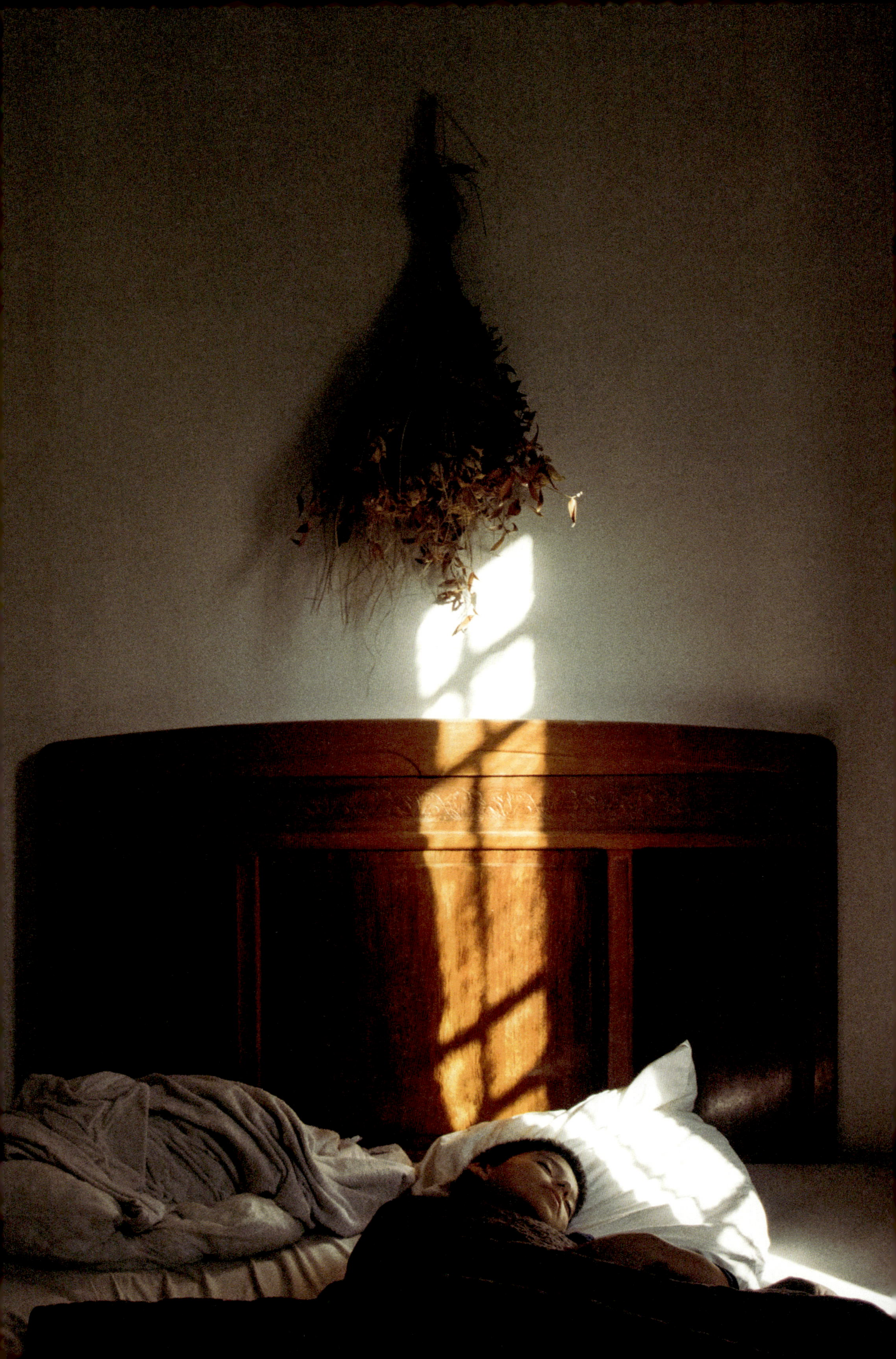

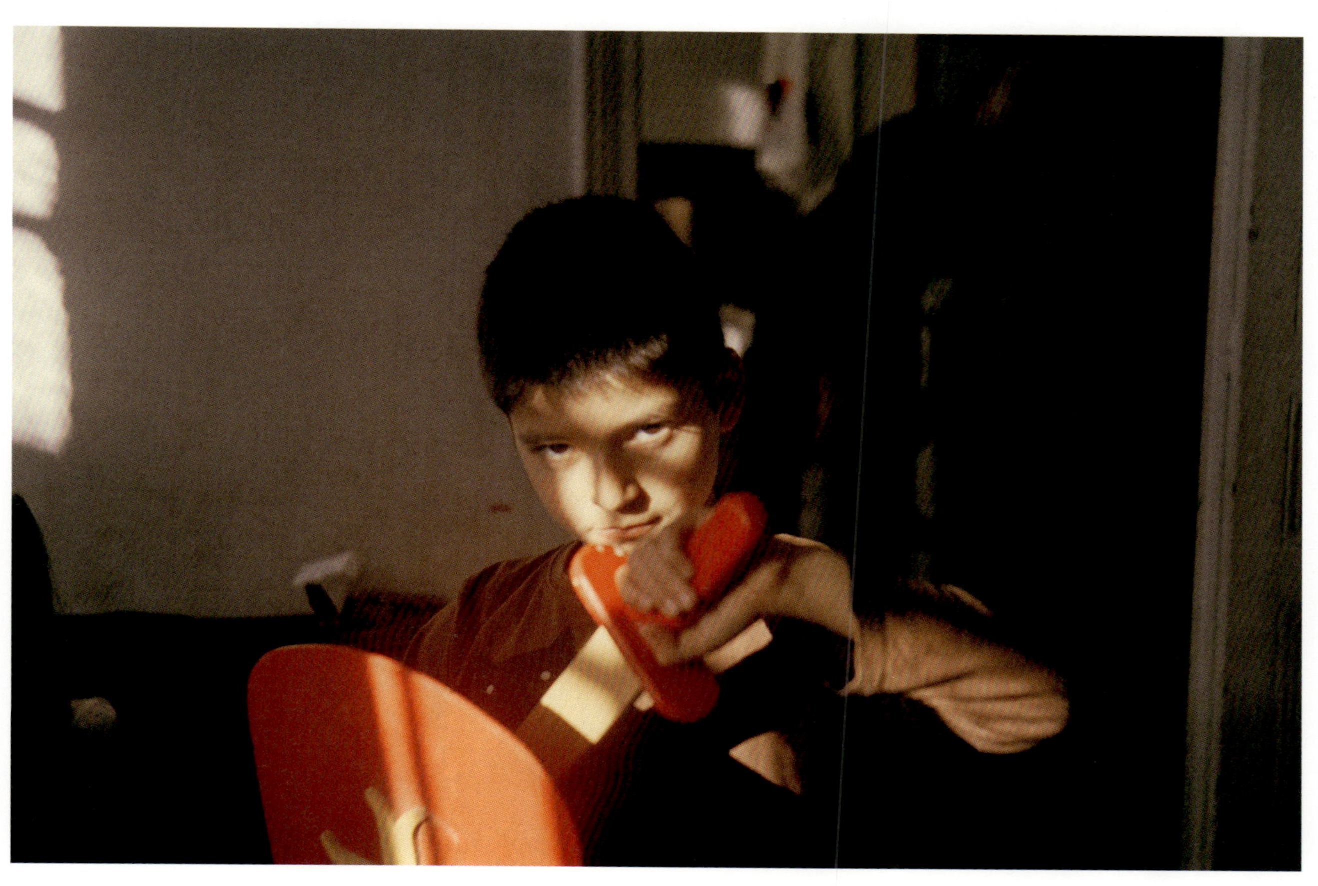

Au lit, France, 2014.

À la maison, France, 2012.

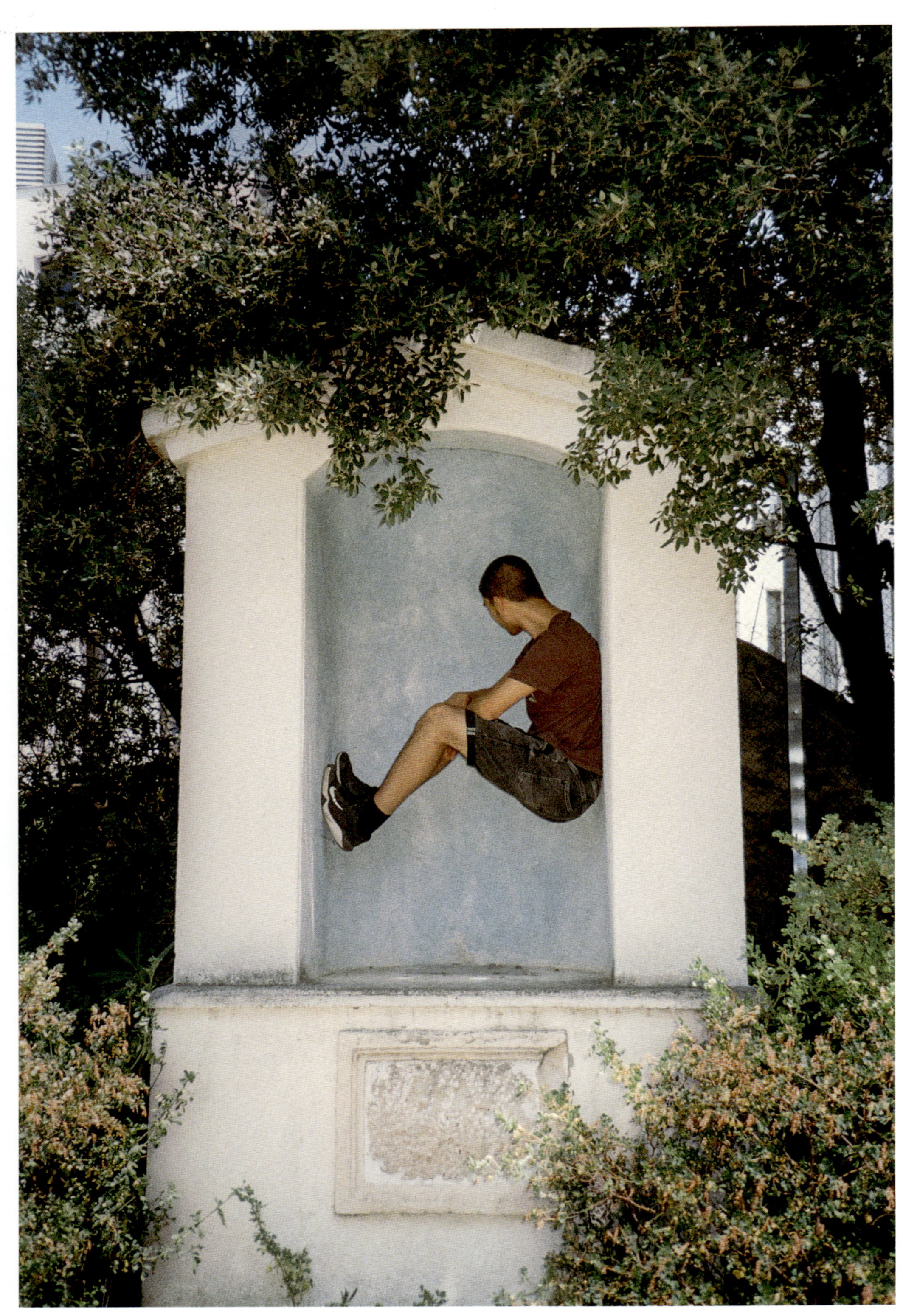

Le couvent Levat, France, 2021.

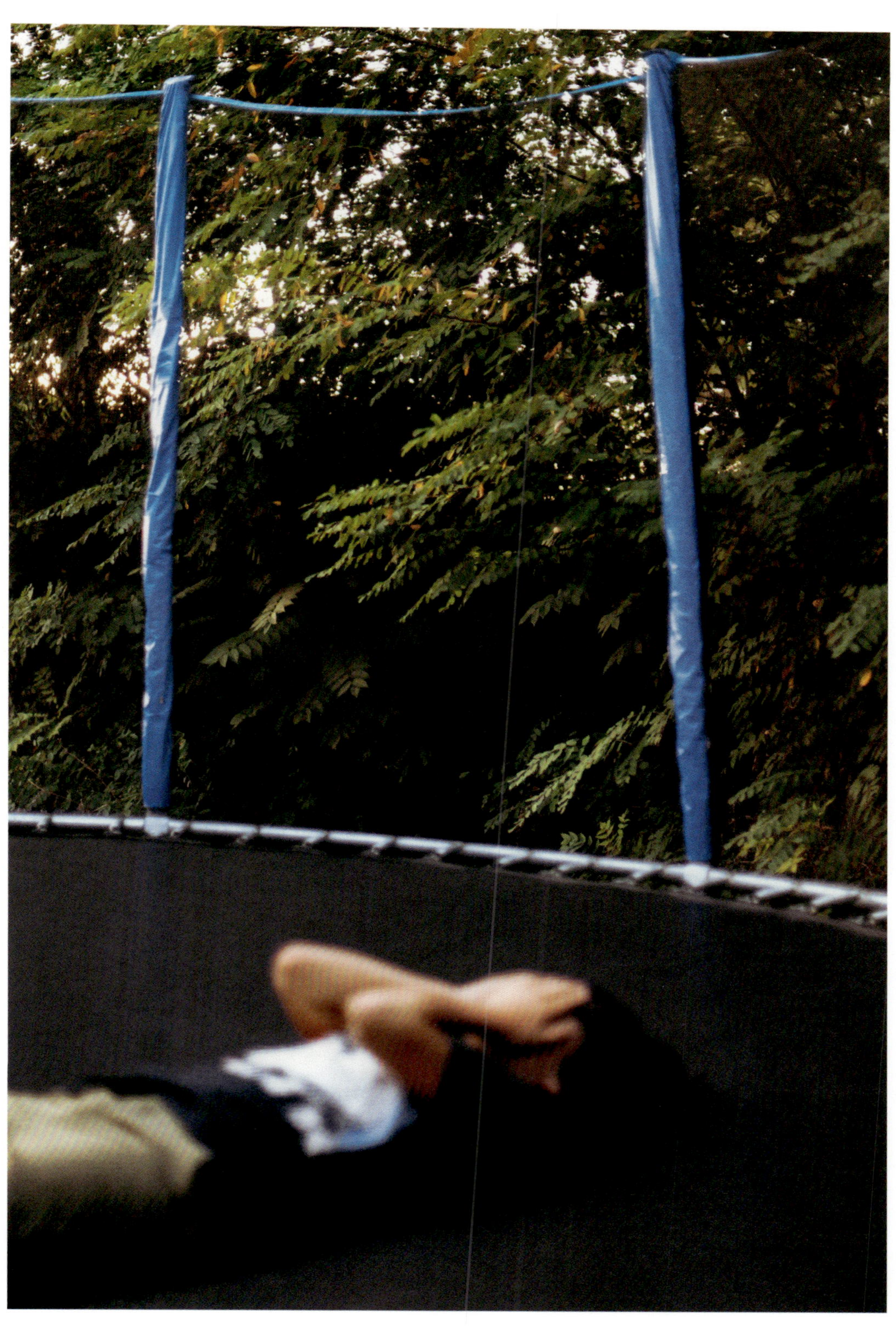

Dans le jardin, France, 2016.

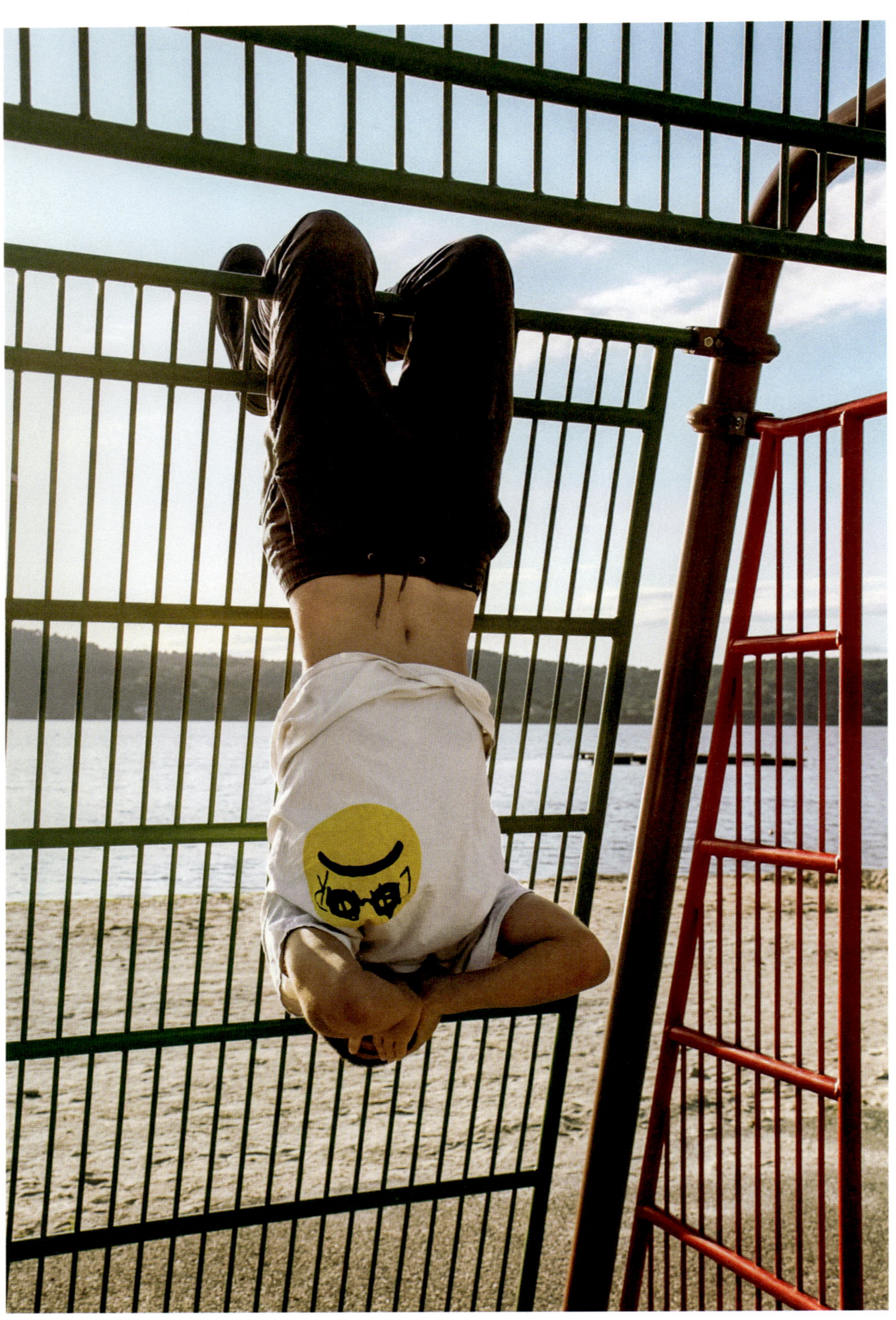

Terrain de basket, France, 2019.

Dans le jardin, France, 2014.

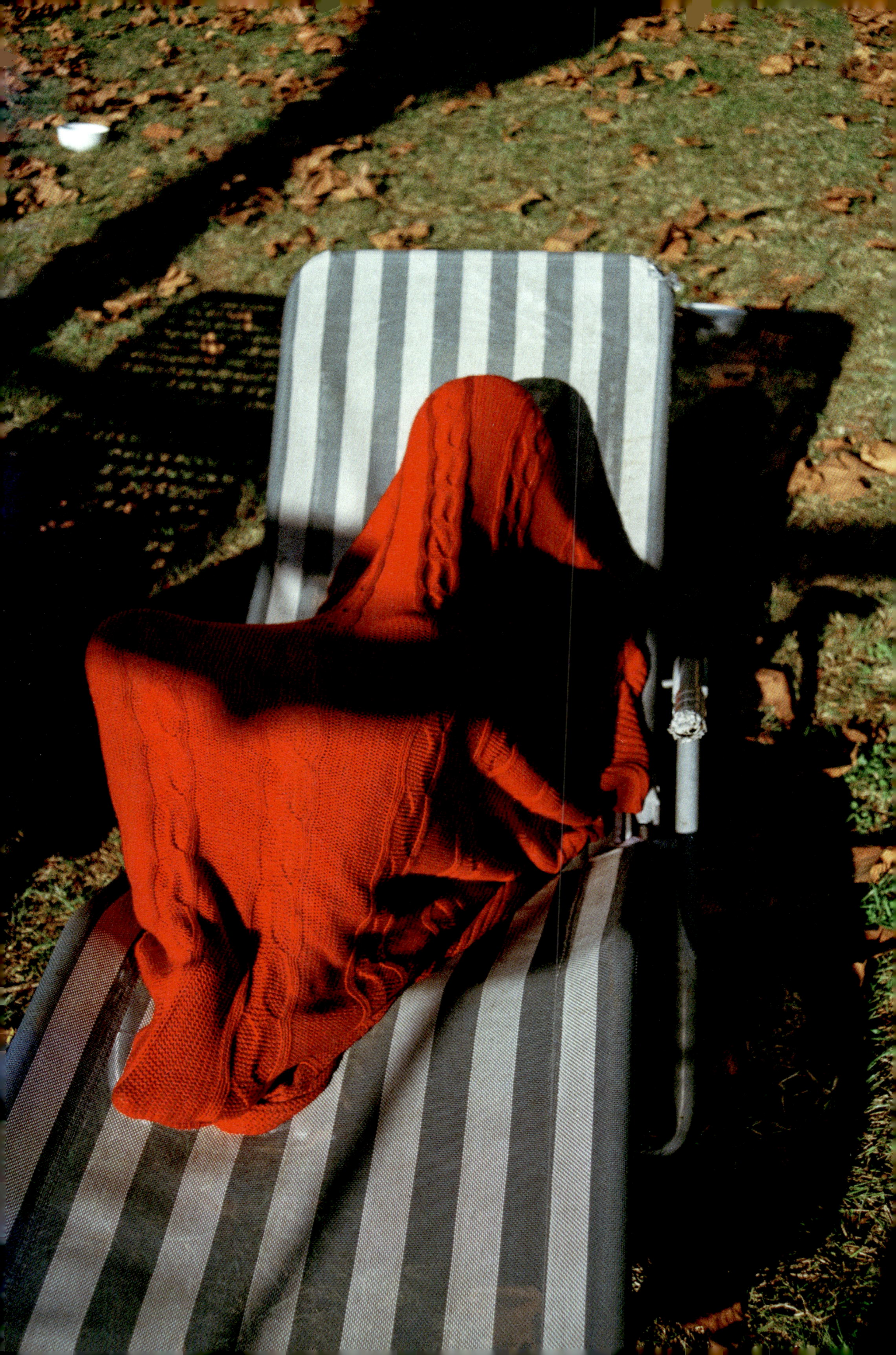

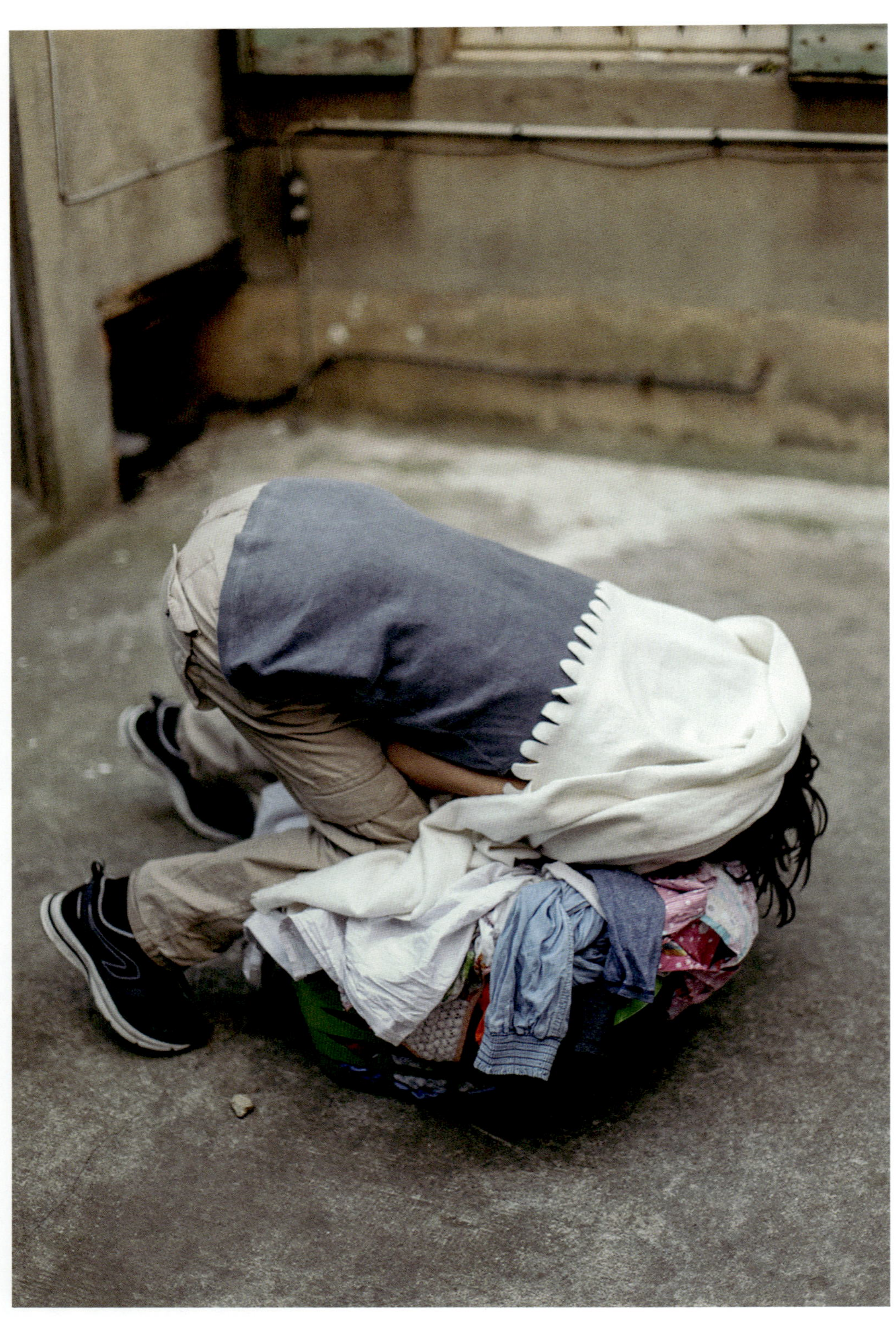

Avec le linge, France, 2017.

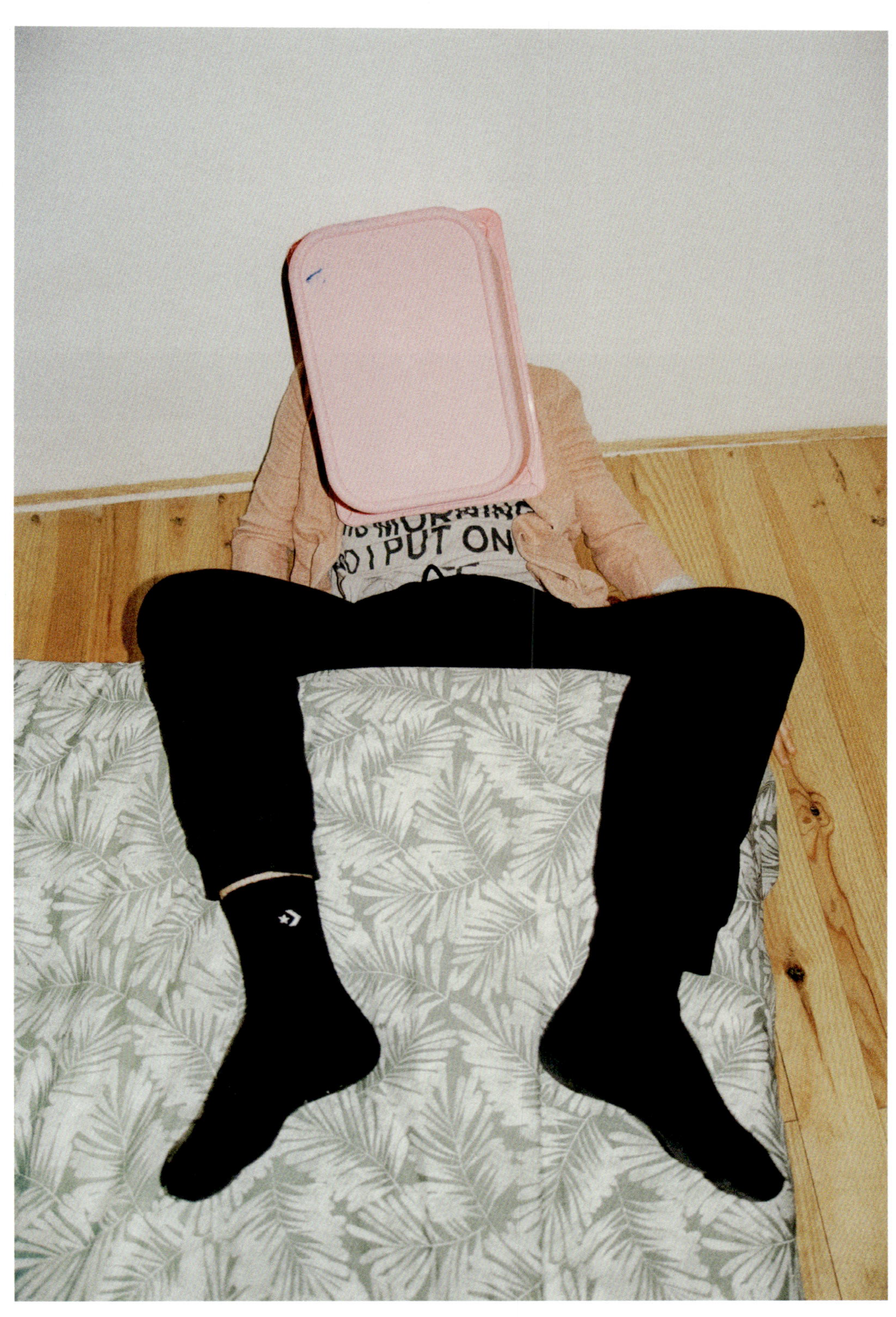

À la maison, France, 2019.

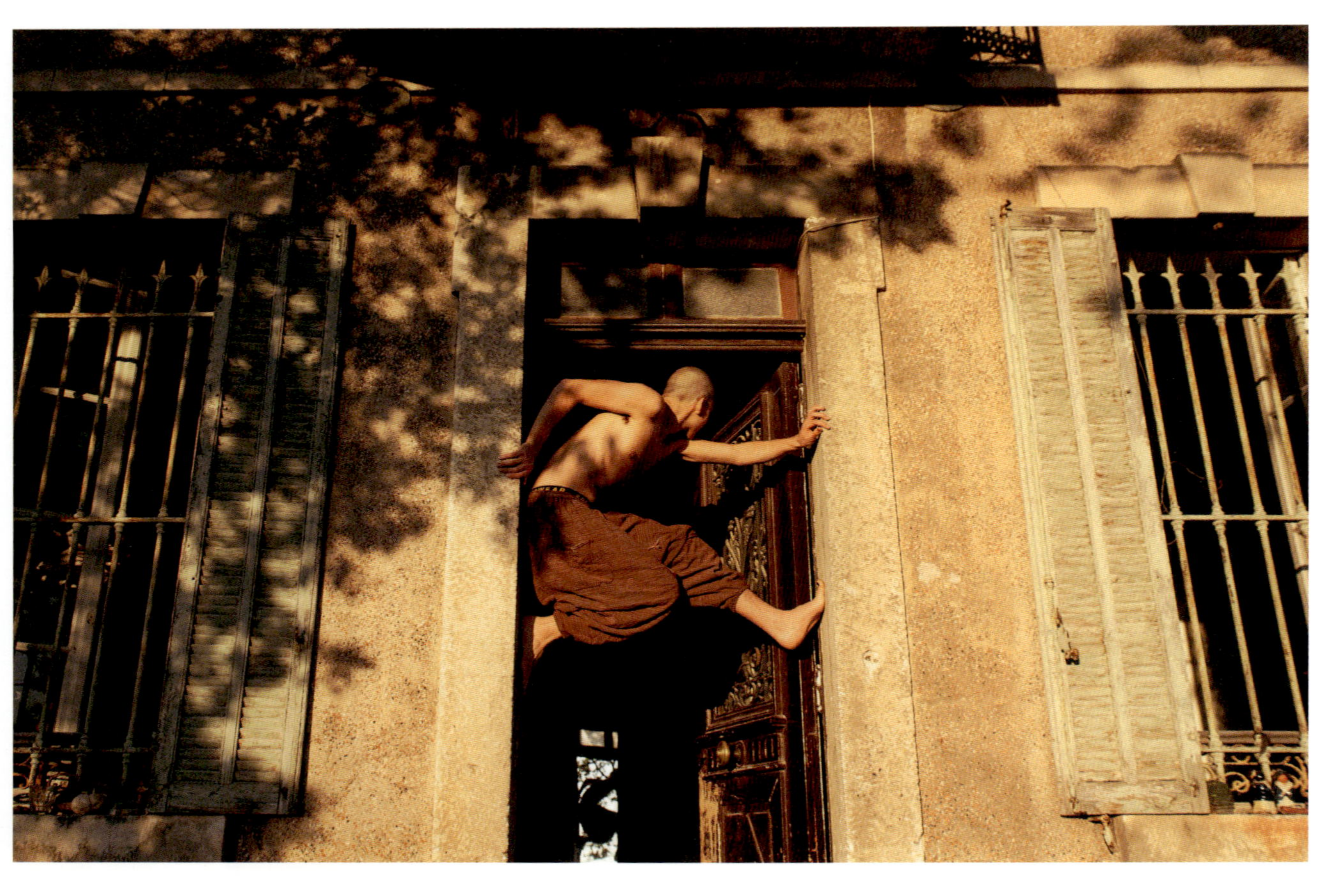

À l'entrée de la maison, France, 2020.

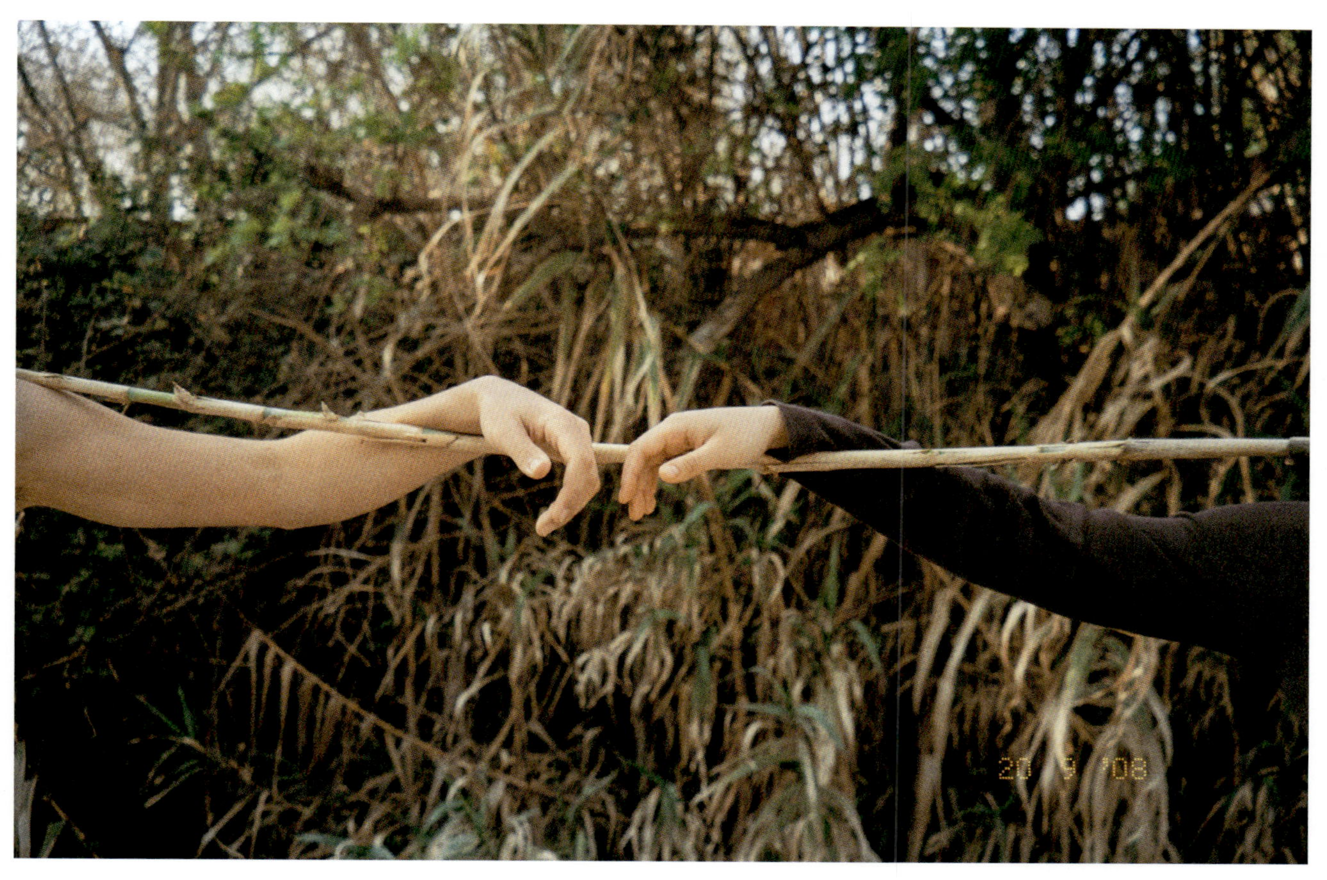

Avec Nina, France, 2020.

Nina

À la maison, France, 2020.

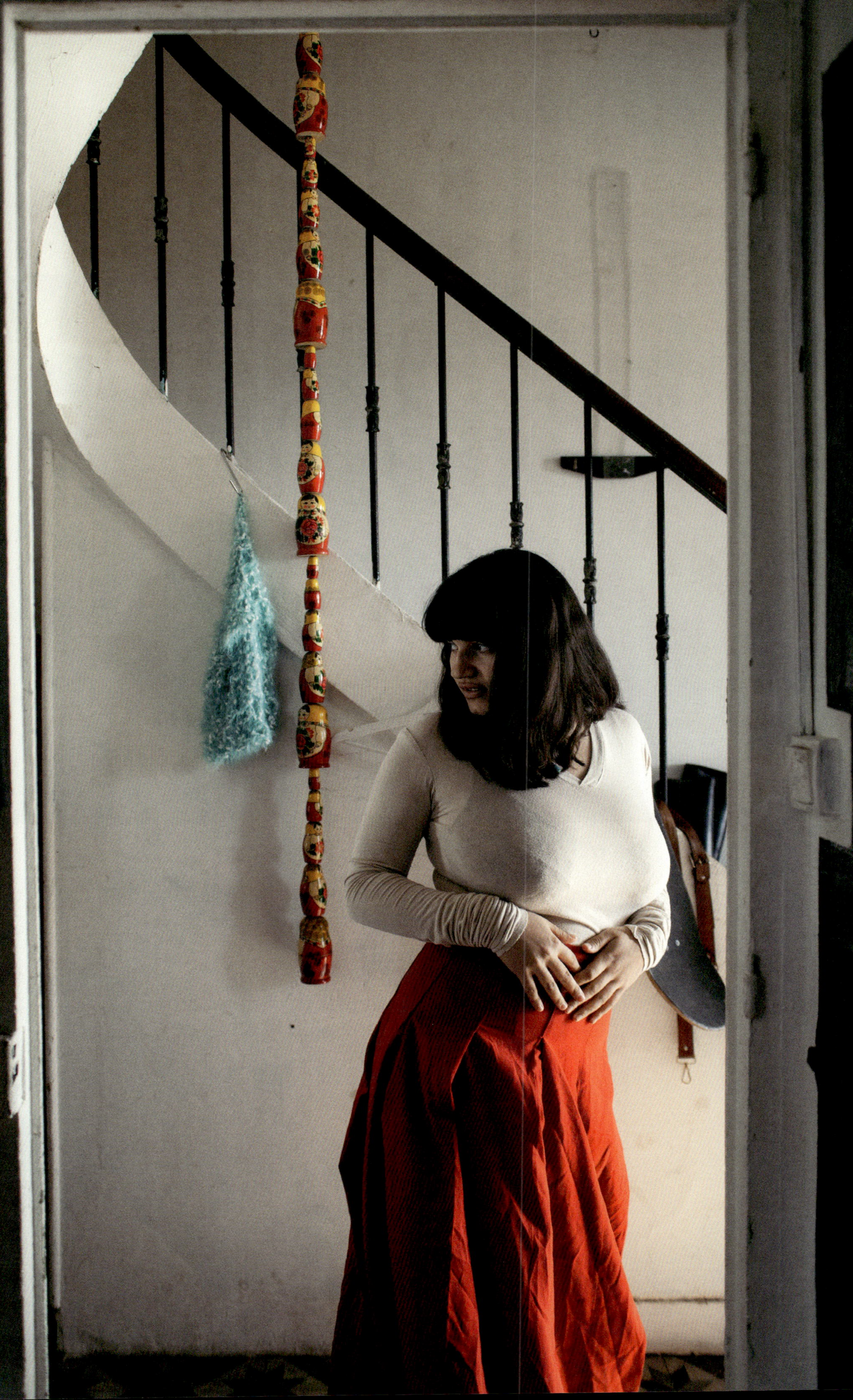

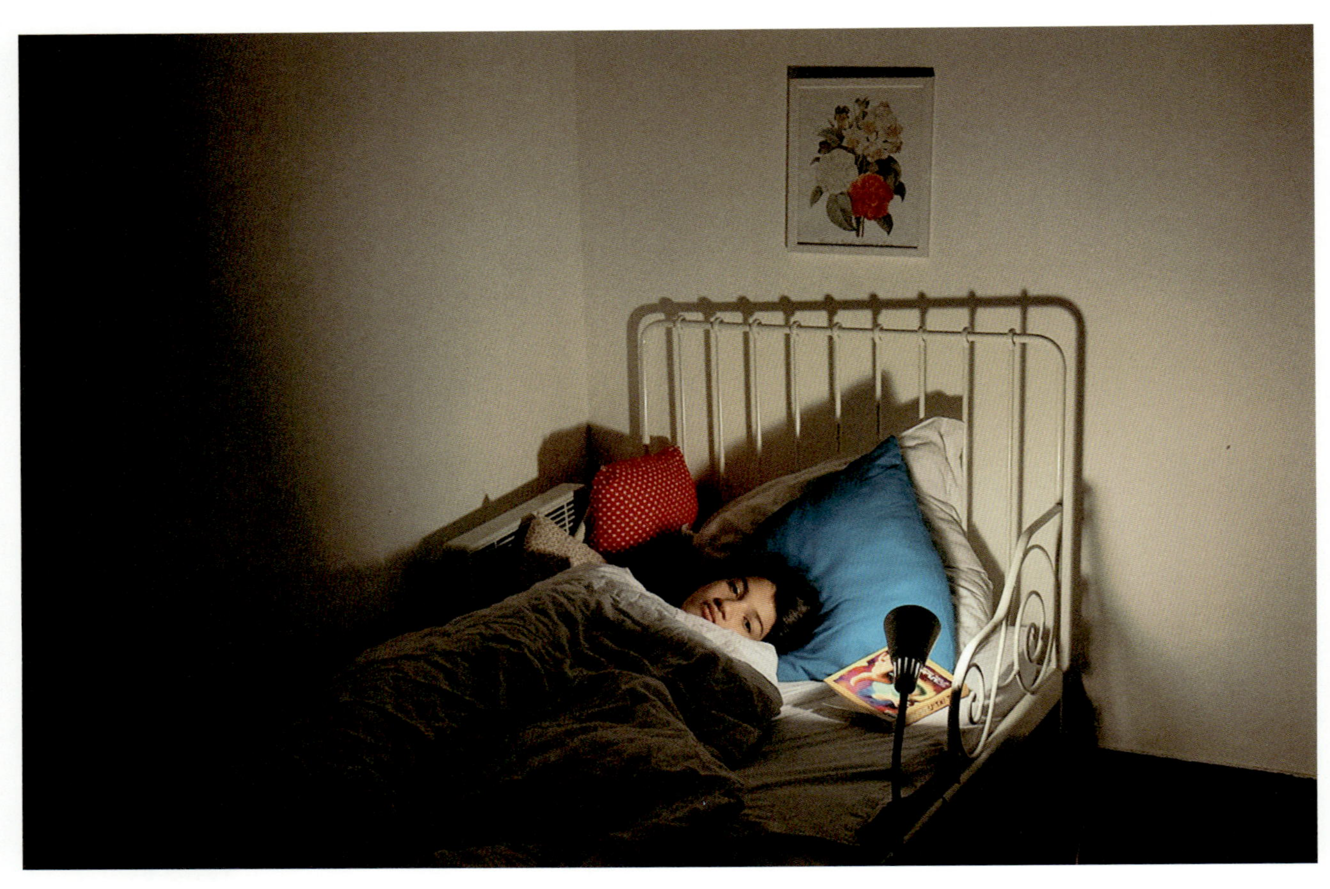

Au lit, France, 2013.

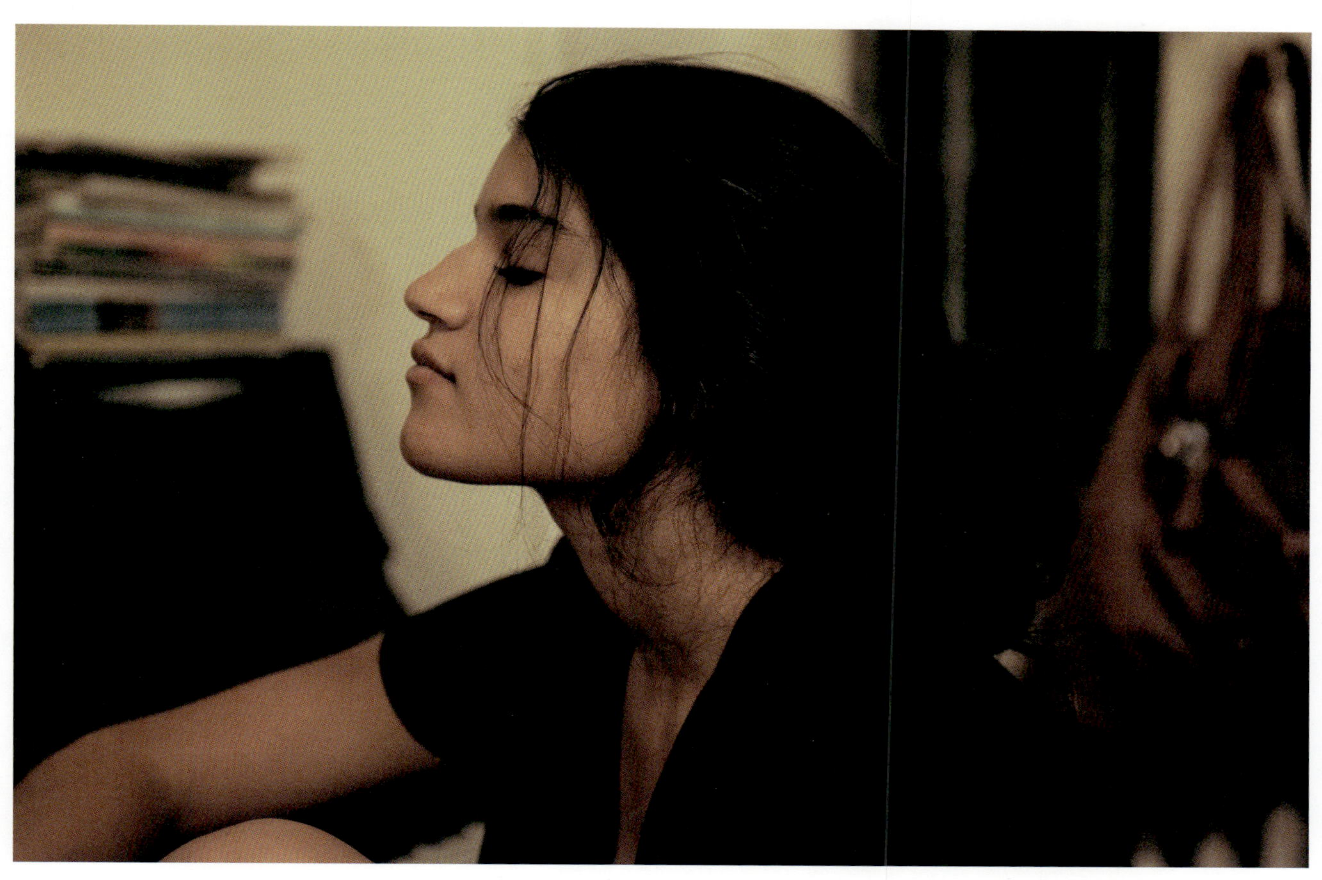

Au piano, France, 2013.

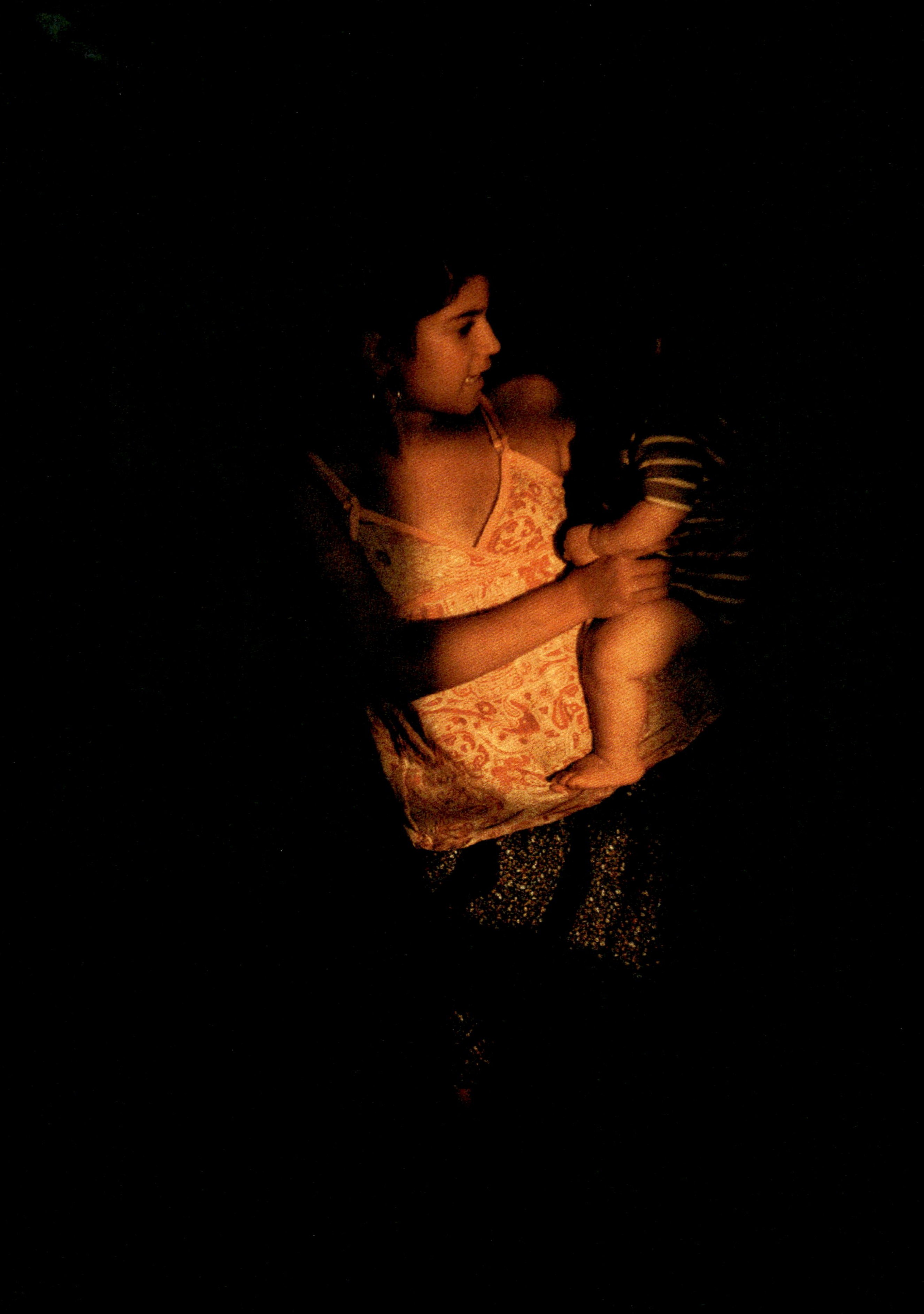

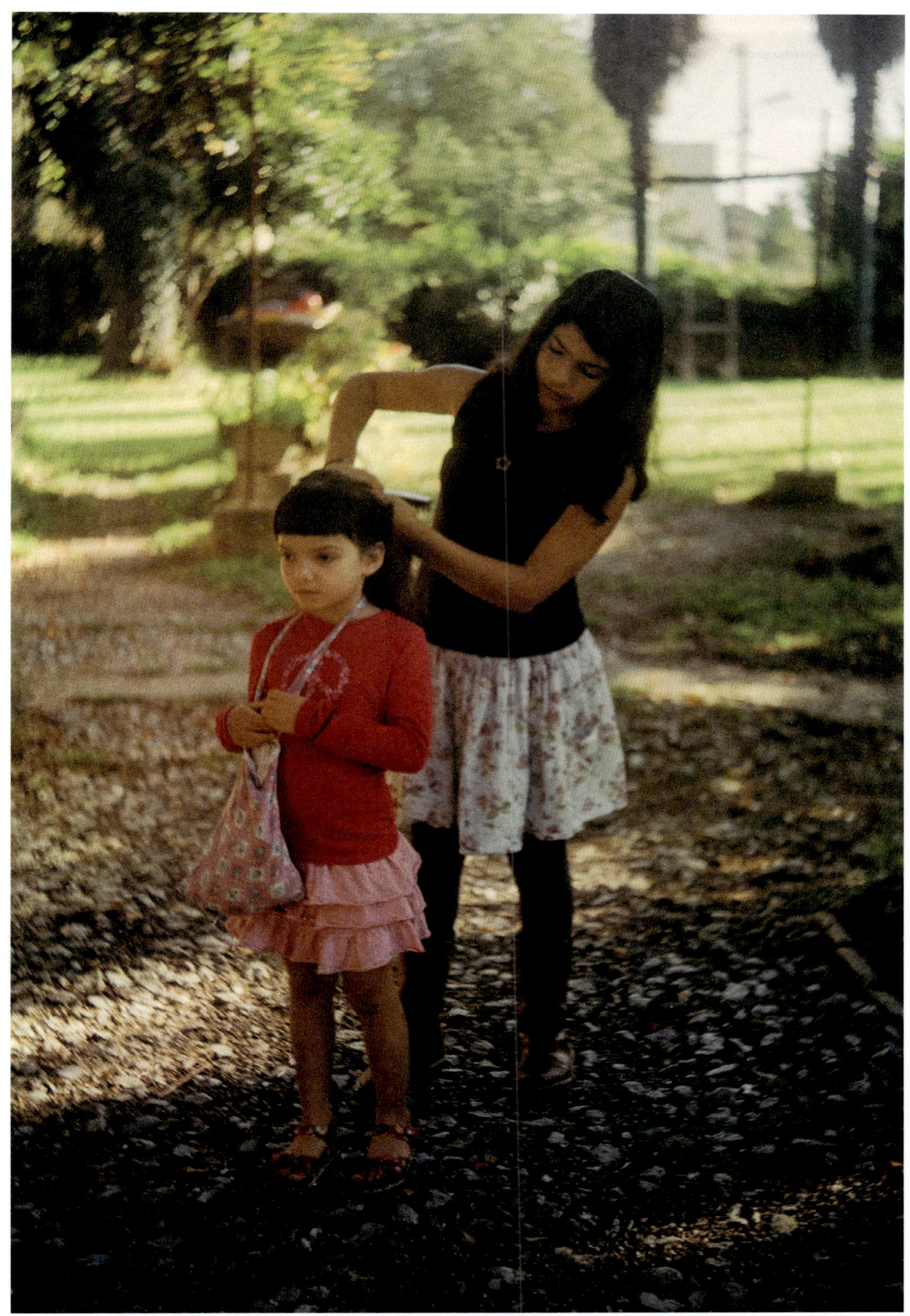

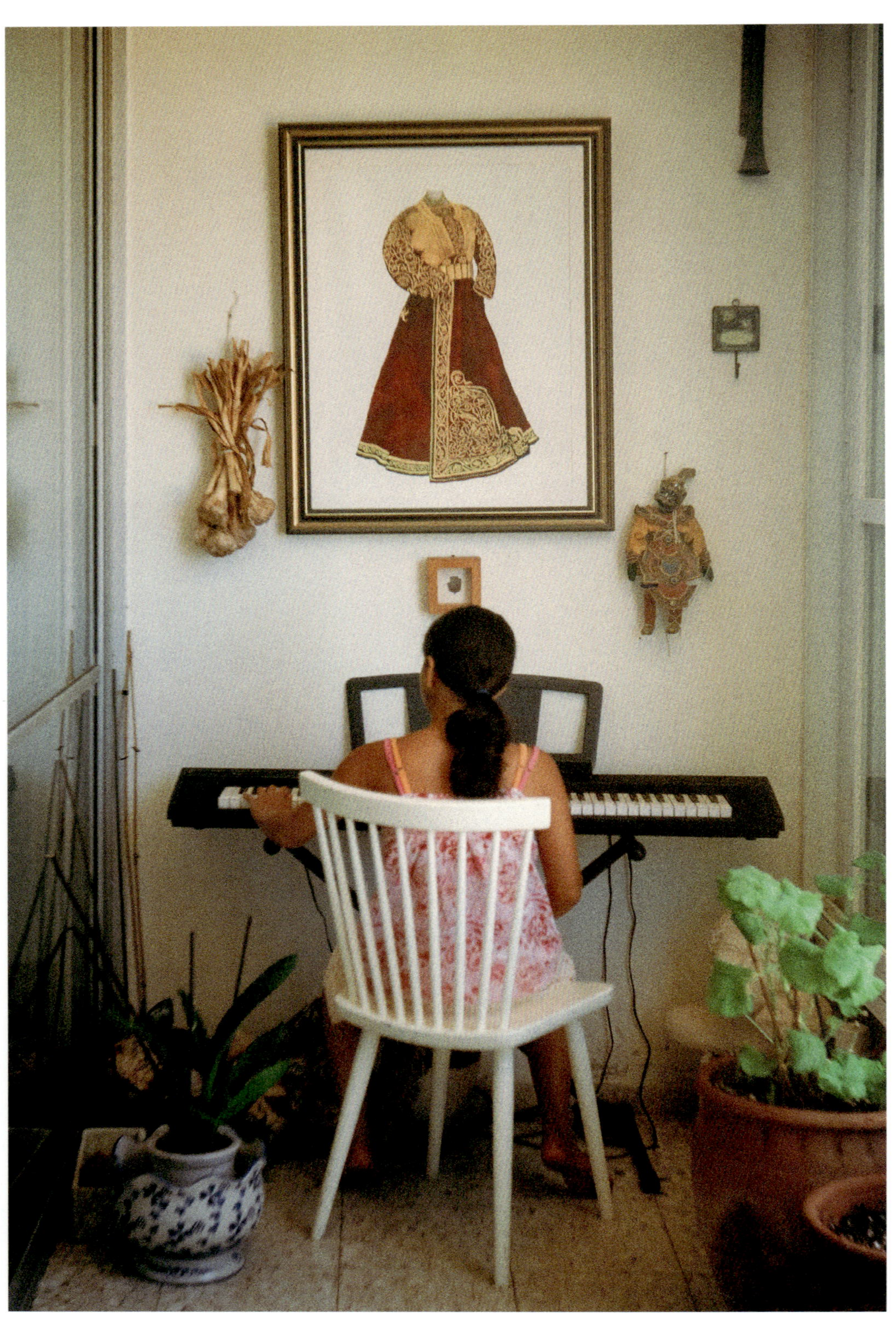

Au piano chez grand-mère Mercedes, Israël, 2012.

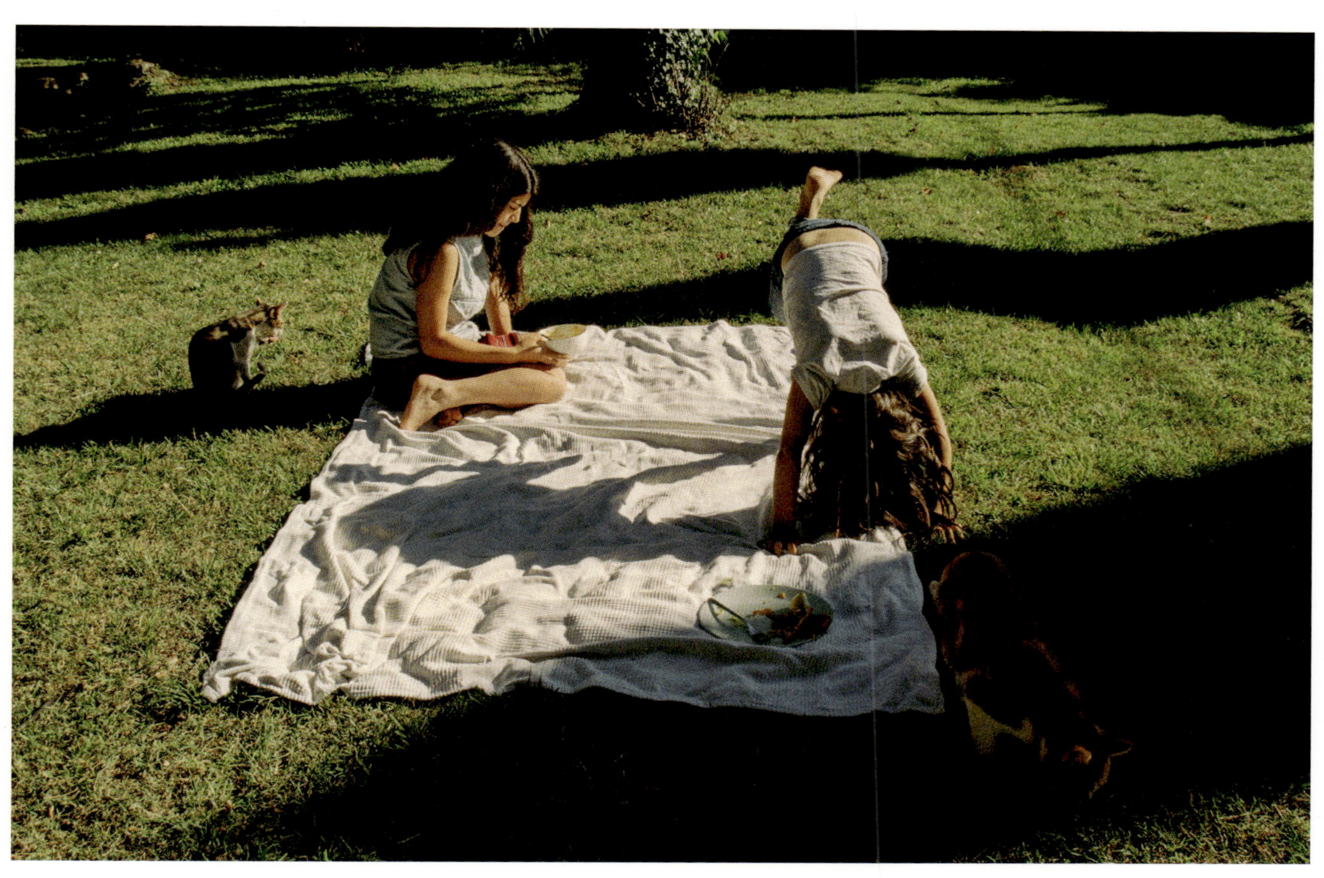

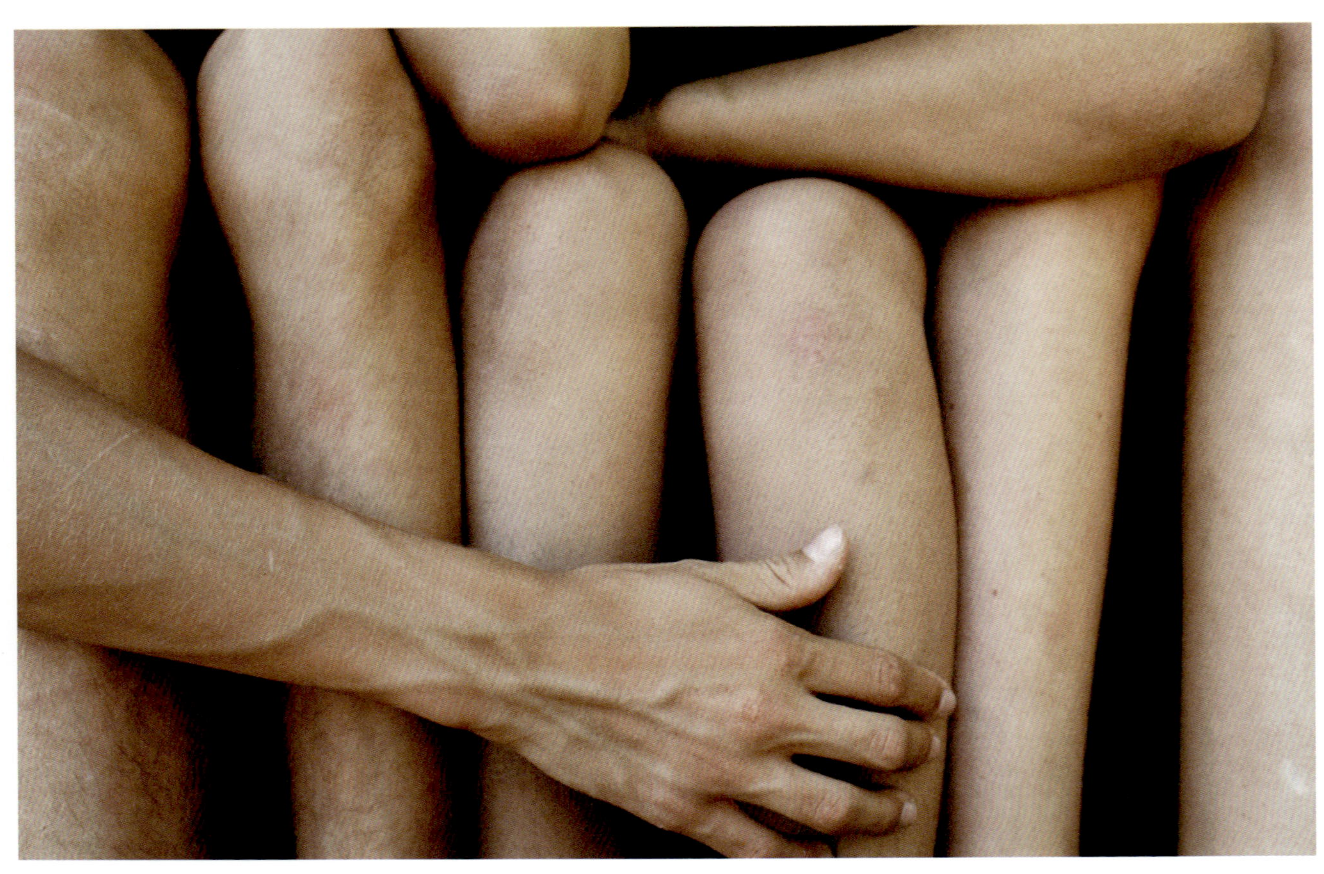

Avec Théodore et Jack, France, 2016.

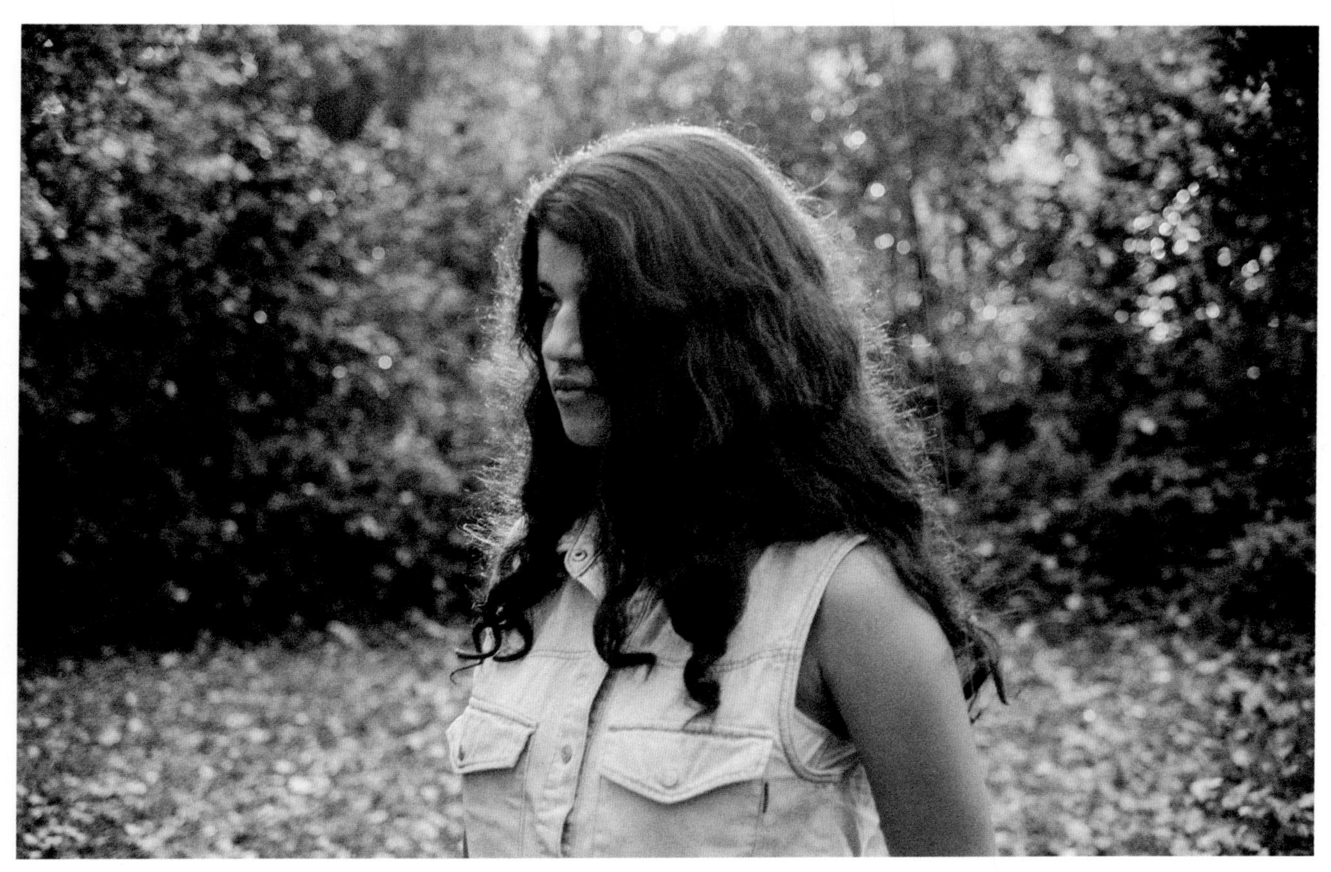

L'ancienne poudrerie de Saint-Chamas, France, 2014.

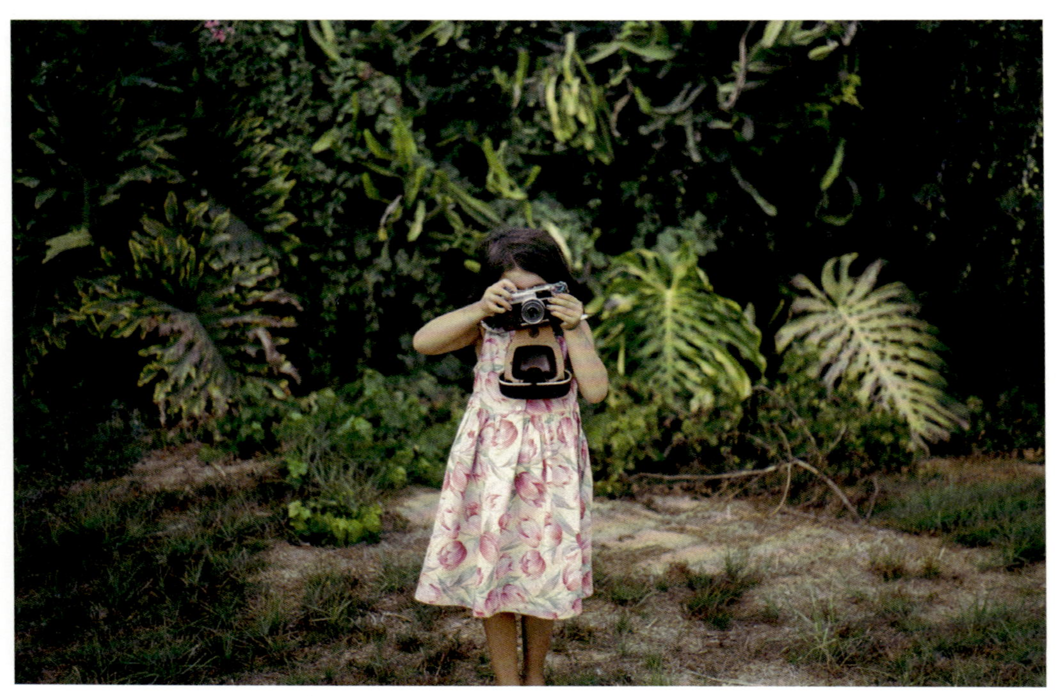

Julia
Par ma tante Yahel Or Nir, Israël, 2001.